让孩子更有力量

赋权型家庭教育指南

方刚 著

图书在版编目（CIP）数据

让孩子更有力量：赋权型家庭教育指南 / 方刚著.
北京：东方出版社，2024.12.— ISBN 978-7-5207-4071-5
Ⅰ.G782-62
中国国家版本馆 CIP 数据核字第 20243P0H77 号

让孩子更有力量：赋权型家庭教育指南
（RANG HAIZI GENG YOU LILIANG：FUQUANXING JIATING JIAOYU ZHINAN）

作　　者：	方　刚
策划编辑：	鲁艳芳
责任编辑：	杨朝霞
出　　版：	東方出版社
发　　行：	人民东方出版传媒有限公司
地　　址：	北京市东城区朝阳门内大街 166 号
邮政编码：	100010
印　　刷：	北京联兴盛业印刷股份有限公司
版　　次：	2024 年 12 月第 1 版
印　　次：	2024 年 12 月北京第 1 次印刷
开　　本：	880 毫米 ×1230 毫米　1/32
印　　张：	10.25
字　　数：	233 千字
书　　号：	ISBN 978-7-5207-4071-5
定　　价：	59.80 元
发行电话：	（010）85924663　85924644　85924641

版权所有，违者必究
如有印装质量问题，我社负责调换，请拨打电话：（010）85924602

前言　真正让孩子成长的家庭教育　　　　　　　　　　/1

上编　赋权的理论和技术

导言　一种新的父母类型划分方式　　　　　　　　　　/2

01　规训：对孩子最大的伤害
　　我们耳熟能详的规训　　　　　　　　　　　　　　/6
　　规训，注定失败　　　　　　　　　　　　　　　　/9
　　规训的可憎之处　　　　　　　　　　　　　　　　/16
　　协商规则，放弃规训　　　　　　　　　　　　　　/26

02　赋权：真正促进孩子成长
　　赋权：增加力量，行使权利　　　　　　　　　　　/34
　　赋权：孩子人格的全面成长　　　　　　　　　　　/40
　　孩子，能够被赋权吗，如何赋权　　　　　　　　　/46

03　与生俱来的"八大宝藏"
　　好奇心与求知欲　　　　　　　　　　　　　　　　/56
　　想象力与创造力　　　　　　　　　　　　　　　　/60
　　进取心、抗挫力、专注力　　　　　　　　　　　　/63
　　生命力　　　　　　　　　　　　　　　　　　　　/67

04 魔法1：深度陪伴
陪伴，带给孩子联结和安全感 /72
好的亲子关系，是陪伴建立起来的 /79
积极倾听、共情、支持 /85
深度陪伴，即是赋权 /91

05 魔法2：成为榜样
哪种类型的父母会让孩子更有力量 /96
父母做孩子的榜样，需要不断学习 /98
改变错误，永远来得及 /101

06 魔法3：赞赏孩子
赞赏：最便宜的"催长剂" /108
孩子犯错了，也要赞赏 /112
赞赏的技巧 /116

07 魔法4：积极探索
自由地探索世界，孩子快速成长 /122
学做家务，也是增能赋权的方式 /129
克服恐惧，挑战最近发展区 /131

08 魔法5：爱好广泛
爱好让我们热爱世界 /138
"孩子没爱好，如何培养" /142

09 魔法6：读万卷书
爱阅读的孩子，各方面都优秀 /148
让孩子爱上阅读的十条建议 /152

10 魔法7：行万里路
到大自然去 /162

看世界去　　　　　　　　　　　　　　　　/172

11　魔法8：远大理想
　　　远大理想，是人生的灯塔　　　　　　　　　/178
　　　警惕：远大理想，成为规训的手段　　　　　/182

12　"赋权三步"
　　　分享信息　　　　　　　　　　　　　　　　/188
　　　推动思考　　　　　　　　　　　　　　　　/193
　　　尊重选择　　　　　　　　　　　　　　　　/197
　　　"赋权三步"举例：到大河中游泳　　　　　　/203

13　"赋权三步"，真能行得通吗
　　　对"赋权三步"的质疑和思考　　　　　　　　/210
　　　选错了，跌倒了，也没那么可怕　　　　　　/218

下编　赋权的实践

导言　八大魔法在具体事例中的应用　　　　　　/222
　　　孩子一个人睡怕黑，父母该怎么做　　　　　/224
　　　孩子不爱吃饭，怎么办　　　　　　　　　　/226
　　　孩子哭闹着要买玩具，怎么办　　　　　　　/228
　　　孩子"人来疯"，怎么办　　　　　　　　　　/230
　　　孩子不想上幼儿园，怎么办　　　　　　　　/234
　　　多孩家庭，孩子间发生冲突怎么办　　　　　/238
　　　孩子的外婆和宠物狗去世，他很难过，怎么办　/242
　　　父母离异、再婚，如何让孩子不受伤　　　　/245

孩子过于争强好胜，怎么办　　　　　　　　　　　　/249
孩子不爱学习，怎么办　　　　　　　　　　　　　　/252
孩子说谎，怎么办　　　　　　　　　　　　　　　　/257
孩子偷拿同学东西，怎么办　　　　　　　　　　　　/260
孩子沉溺于玩手机游戏，怎么办　　　　　　　　　　/263
孩子转学后没有朋友，怎么办　　　　　　　　　　　/266
孩子交了"坏朋友"，怎么办　　　　　　　　　　　　/269
孩子淘气，老师请家长，怎么办　　　　　　　　　　/272
孩子写作业拖拉，怎么办　　　　　　　　　　　　　/275
青春期孩子爱说脏话，怎么办　　　　　　　　　　　/278
孩子遇到挫折，情绪激动，怎么办　　　　　　　　　/281
青春期亲子冲突增多，怎么办　　　　　　　　　　　/284
青春期孩子存心和我对着干，怎么办　　　　　　　　/288
孩子做错事，父母应该让他道歉吗　　　　　　　　　/291
孩子看色情品，怎么办　　　　　　　　　　　　　　/294
孩子"早恋"了，怎么办　　　　　　　　　　　　　　/298

附　录

赋权型父母成长团体小组方案　　　　　　　　　　　/302
赋权型家庭教育亲子营方案　　　　　　　　　　　　/305
赋权型家庭教育陪伴式私教方案　　　　　　　　　　/310

后　记　　　　　　　　　　　　　　　　　　　　/312

真正让孩子成长的家庭教育

2023年9月有一则新闻十分火爆："儿童精神科挤满抑郁症小患者。"有着二十多年青少年教育工作经历的我，看到这条新闻的第一个反应就是：这些孩子的精神问题，大都是被父母暴力规训的结果。

事实上，近几年关于中小学生出现严重心理问题，甚至自杀的报道，时常让人触目惊心。这为中国的教育敲响了警钟！

升学、就业的压力，导致父母的焦虑，这种焦虑加到孩子的身上，让他们幼小的心灵无法承受。即使看起来心理健康的孩子，他们承受的重压也是令人心悸的。

孩子的身心健康，家庭教育无疑承担着重要的责任。从政府到社会，对家庭教育越来越重视了。但我所见到的国内关于家庭教育的论述，多是碎片化的，着力于解决一个个具体的问题，而缺少具有独创的系统性理论以及基于这套理论总结出来的实操性方法。

在我看来，如果家长遇到一个问题，去解决一个问题，是非常被动的。好的家庭教育应该有一套理论及理论指导下的方法，掌握了它，便可以应对任何问题，至少是减少"出现问题"的概率。本书致力于做这样的努力。

本书提出了哪些理论和技术

在这本书中，基于自己三十年的青少年教育经验，我提出了赋权型家庭教育的理论和技术。

赋权型家庭教育的目标是：给孩子增加力量，让孩子具备对自己人生的全面发展作出负责任行为选择的技能。

赋权的意思是：更有力量，即给受教育者增能。

赋权，是相对于去权（规训）、弃权而言的。

赋权型家庭教育提出了一种新的父母类型分类方式，按照对赋权的态度，将父母分为：赋权型父母、去权型（规训型）父母、弃权型父母。

本书主要通过论述去权型（规训型）父母的做法，来对比阐释赋权型家庭教育的特点。

赋权型家庭教育主张给孩子增能赋权，相信每个孩子都具有与生俱来的"八大宝藏"，即：好奇心、求知欲、想象力、创造力、进取心、抗挫力、专注力、生命力。明眼人一看便知，拥有了这八大宝藏，父母们期盼的诸如勤奋好学、积极进取、开朗活泼、热爱生命，等等，原本是每个孩子的内在本质，不需要特意培养。父母要做的只是不破坏这八大宝藏，呵护它们就足够了。

但是，中国绝大多数家长一直使用"规训"的方式教育孩子，规训的教养方式恰恰破坏、剥夺了这八大宝藏，然后又责怪孩子"不思进取"。规训者不相信孩子具有这八大宝藏。"规训"是孩子健康成长的最大敌人！

规训，与赋权的"增能"对立，是"去权""去能"的。本书还明确指出：规训许多时候就是针对孩子的家庭暴力。

所以，学习赋权型家庭教育，是为了帮助家长呵护好孩子的八大宝藏，重要意义毋庸置疑。

赋权型家庭教育主张抛弃规训的模式，给孩子增能赋权。相信孩子内在的力量，相信每个孩子都是积极向上的，都具有无限发展的可能，只需要用"八大魔法"呵护、激活八大宝藏，孩子就会拥有幸福美好的人生。

我提出的"八大魔法"是：深度陪伴、成为榜样、赞赏孩子、积极探索、爱好广泛、读万卷书、行万里路、远大理想。

所以，赋权型家庭教育的理论逻辑是：

1. 孩子天生具有八大宝藏，这八大宝藏可以使他们拥有幸福美好的人生。如果一直保持这八大宝藏，家庭教育中常见的困境根本不会出现。

2. 有些孩子的宝藏埋得太深，有些孩子的宝藏被强盗（规训的养育方式）掠走了，所以家庭教育的重点是呵护、激活、挖掘孩子自带的宝藏。

3. 父母挖掘、激活孩子的宝藏，有八大魔法。有时需要全用上，多数时候用上几个魔法，孩子的宝藏就被激活了。

4. 激活了孩子的宝藏，孩子成长中的绝大多数问题就解决了。如果遇到还没有解决的问题，那就使用"赋权三步"法，即：分享信息、推动思考、尊重选择。

5. 对八大宝藏的呵护，对八大魔法的应用，最好从孩子出生那天就开始，尽量不要等到出现问题时再"亡羊补牢"。

简化一下，就是：

八大宝藏＋八大魔法＋"赋权三步"——→孩子的成长

在本书中，对于为什么孩子生来即具有八大宝藏，如何应用八大魔法，"赋权三步"如何具体实施，都有详细的介绍。

可以看出，赋权型家庭教育有自己的教育理念，有一整套系统化技术和方法。应用这套技术和方法，可以顺利地走出家庭教育的困境。过去三十年，我在做家庭教育特别是性教育的时候，即使没有明确阐述，也一直使用这套赋权的方法，非常有效，很好地帮助了青少年的成长。

我相信：应用这本书中的理念和技术，会改善无数家庭的亲子关系，成就无数积极、快乐、健康、幸福的孩子。

如何实践本书的主张和技术

本书下编"赋权的实践"中，列举了孩子成长过程中常见的一些问题，并且应用赋权型家庭教育的理论和技术进行了分析，给出了家长应对这些问题的建议。我希望这些分析和建议可以帮助读者消化、理解和应用本书提出的理论和技术，进而举一反三，应用到孩子的家庭教育的其他问题上。

实践本书的主张和技术，需要注意两点：

1. 对八大宝藏的呵护、八大魔法的应用，最好是在孩子出生之后、成长的过程中，随时随地、浸透在生活的每一天，而不是出现了家庭教育的困境，临时抱佛脚；也就是说，好的家庭教育不应该是解决困境、处理问题，而应该是预防这些困境和问题的出现。

2. 假使你前面没有应用八大魔法，甚至已经破坏了八大宝藏，现在开始改变，还来得及；即使陷入了家庭教育的困境，"临时抱佛脚"，也是有用的。

阅读本书的过程中，你一定会发现自己在养育方面的诸多不足，但是也不需要过于恐慌，因为每个父母都不是完美的。实际上我也是一边学习一边思考，及时发现自己养育中的不足，不断加以改进的。每当意识到自己不足的时候，我的内心非常自责，甚至恐惧，担心对儿子造成了不好的影响。好在我的孩子成长得非常好，这让我意识到，即使我们没有一直很好地应用着每一个魔法，但只要尽心尽力地努力了，不断学习应用新的魔法，也一定会弥补前期养育中的不足。

前述两点注意事项，说的只是技术层面的实践。而真正深入的赋权，一定是来自父母对孩子的尊重。

对，你没有看错，对孩子的尊重，是实践赋权的前提。孩子是具有独特生命力的个体，不属于父母，父母不要把他们当作"私人财产"。

黎巴嫩诗人纪伯伦《先知》（冰心译）中的这段诗句，值得父母反复品味：

你们的孩子，都不是你们的孩子。
乃是生命为自己所渴望的儿女。
他们是凭借你们而来，却不是从你们而来，
他们虽和你们同在，却不属于你们。

你们可以给他们以爱，却不可给他们以思想。
因为他们有自己的思想。
⋯⋯⋯⋯⋯⋯
你们可以努力去模仿他们，却不能使他们来像你们。

因为生命是不倒行的，也不与昨日一同停留。

孩子是有权利的，是有优势的，也就是我们说的八大宝藏。家庭教育要做的重点是挖掘孩子自身的力量。

赋权，是真正的教育，远比规训要困难许多。赋权的教育者，需要爱心、耐心，更需要专业技能。规训，是为控制型父母准备的。赋权，才属于教育型父母。父母由规训型转到赋权型，非常艰难。但是，这是你为了孩子成长必须完成的自我成长。本书"魔法2：成为榜样"一章，有助于引领你实现这个转变。

决心使用赋权型家庭教育技术的父母，可以认真阅读本书的每一个章节，完成每章后面的练习题。父母学习了本书中的技术，就可以把自己规训时掠走的宝藏再还给孩子。

我在这本书中引用了许多我儿子成长中的故事，这本身也是告诉读者：我就是用本书倡导的理念进行家庭教育的，我不是"说一套，做一套"，更不是拿别人的孩子当作"试验品"。因为这样的教育理念在我的家庭中成功了，所以我也想分享给大家，我希望天下所有的父母，都能够像我的育儿过程一样充满惊喜和幸福。

本书附录中，有应用和推广赋权型家庭教育的方案。欢迎任何有专业基础的人士使用这些方案，我自己也将开展这些活动，同时举办赋权型家庭教育指导师的培训。

给孩子增能赋权，让我们一起努力！

2024年4月

上 编
赋权的理论和技术

导言
一种新的父母类型划分方式

父母类型的分类方式有很多种,当我要论述赋权型家庭教育的时候,我便需要从是否赋权的角度进行思考。

赋权,英文是 empowerment,这里的"权",便是"力量",是能力。所以,这个英文单词也常被翻译为"充能""增能"等。也有人将"权"理解为"权利",我觉得也是说得通的,有力量的最终目的是维护自己的权利、行使自己的权利。

在家庭教育和亲子关系中,父母是否在帮助孩子增长力量,是否尊重和维护孩子的权利,便是我们分类的依据。

按着这个依据,我将父母类型分为三种,分别是:赋权型父母、去权型(规训型)父母、弃权型父母。

赋权型父母:这类父母相信孩子具有无限的潜能,相信孩子可以经由教育不断成长,在家庭教育中关注孩子能力的提升,致力于让孩子更有力量。他们在与孩子的交往中会积极倾听孩子的心声,尊重孩子的权利,不会将自己的想法强加给孩子,亲子关系和谐。在这样的家庭环境中长大的孩子,会更加自信、积极、有力量。

去权型父母:这类父母不相信孩子具有积极向上的力量,认为自己必须对孩子严加管教,孩子才可能有正向的发展。他们在与孩子交往中,普遍使用奖惩的方式,将自己的价值观和行为方式强加给孩子,如果孩子有不同的想法,则被视为错误的、不成熟的。我将这种教育方式称为"规训",所以去权型父母又可以称为规训型父母。这类父母与孩子的关系充满冲突,甚至暴力。在这样的家庭教育环境下,孩子的权利被剥夺了,他的力量会越来越弱,成长的过程步履维艰。

弃权型父母:这类父母又可以细分为两类:忽视型父母、溺爱型父母,他们的共同特点是"放弃赋权",既没有积极推动孩子的成长,也没有尊重孩子应有的权利。忽视型父母在孩子成长过程中往往是缺席的,即使物理上没有缺席,心理和教育上也是缺席的,对孩子不管不问,放弃成年人的引导责任。溺爱型父母对孩子同样缺少增能的正确引导,无原则地满足孩子的各种不合理需求,看起来是尊重孩子,其实是剥夺了孩子接受教育和引导、正向成长的权利。无论是忽视型还是溺爱型,弃权型父母放弃了给孩子增能赋权的机会,不去推动孩子的成长,都是不负责任的父母。

三种类型的父母中,我当然积极支持、倡导赋权型父母。赋权型父母与另两类父母都存在冲突,与去权型(规训型)父母的冲突最为明显、突出。在当代中国,去权型(规训型)父母又最为常见,占据主流。

在我看来,家庭教育应该具备从理论到技术的一整套体系,从而去指导实践。在上编中,第1章至第3章,我将详细说明赋权型家庭教育的理论;第4章至第11章,则具体讲解赋权型家庭教育的技术。而这些,都是为下编 赋权的实践做准备的。

几乎所有的父母都爱自己的孩子，都希望孩子健康成长、幸福快乐，但是一些父母因为不会爱，反而可能对孩子造成伤害。

自以为是的爱，其实在伤害孩子。其主要表现形式便是：规训。规训减弱了孩子成长的力量，我视之为"去权"。

01

规训：
对孩子最大的伤害

我们耳熟能详的规训

"不要玩游戏了,快去写作业!"

"再给你五分钟,必须干完!"

"快点洗,快点刷牙,快点吃饭……别磨蹭了!"

"危险的地方,不能去!"

"你都多大了,还看漫画书?!"

"要找比你学习好的同学交朋友,你找了一个学渣交朋友,能好吗?"

"不许早恋!"

…………

如果有人做记录,统计一个孩子在原生家庭中的十八年间,父母对孩子说过多少个类似的"不许"或"必须",数字一定是惊人的。

甚至,一些父母在孩子成人之后,还会一直对他说:"不许""必须"……

父母可能从来没想过这有什么错。

是呀,难道不应该告诉孩子哪些不应该做,哪些应该做吗?父母的责任不就是教给孩子规则吗?这些"不许"与"必须"不就是在一步步教导"不懂事"的小孩子,变成"懂事"的成人吗？

听起来完全没问题。我将这种以简单，通常也很粗暴的方式发出指导的行为，称为"规训"。

什么是"规训"？

在我看来，规训通常是有权力的人，针对没有权力的人、往往还依赖他人的一种"教导"方式，是规定你可以做什么，不可以做什么，以及训诫你应该怎么做。

父母、成人，相对于孩子、未成年人，就是有权力的人。领导，相对于雇员；教师，相对于学生，也都是有权力的人。这个权力可以是知识的权力、年龄的权力、经济的权力，总之，都是"成年的""成熟的""优秀的"人，告诉未成年、"不成熟"、"不如我优秀"的人：你应该怎么做。

规训通常包括多重含义：规定、禁止、训斥、惩罚……父母作出一个"规定"，即"不许"或"必须"，背后潜藏着一整套奖励与惩罚机制。当你按我说的做的时候，我就给你奖励；否则，就给你训斥和惩罚。

规训有一个重要的表现形式：代办。

所谓代办，即父母替孩子把一切办好。

代办与规训，是一样的逻辑，即孩子没有能力，孩子学不会，孩子太小无法承担，所以，父母替孩子办了。

代办甚至省略了"告诉孩子什么应该做，什么不应该做"这个"告诉"的环节，直接把结果给孩子了。

代办实际上也告诉了孩子：爸妈这样做是对的，应该像爸妈这样做。但父母都不给孩子机会做，不给他练习的机会，有的孩子将这看作爸妈认为自己没有能力做，是爸妈对自己的否定。

我的一个来访者，是一位母亲，抱怨自己读中学的孩子自理能力差，什么事都要让她安排。我问她："孩子读小学的时候，你是否嫌他自理能力差呢？"这位母亲回答："小学时，那么小，肯定什么都不会干哪，都是我替他干哪。我替他穿衣，我替他装书包，我替他盛好饭菜、摆上筷子……"小学时父母"代办"，中学时嫌孩子没有自理能力。他的自理能力是和中学的录取通知书一起下发的吗？他从来没有机会学习自理，哪里来的自理能力？

除了去权型（规训型）父母热衷于代办之外，溺爱型父母也经常代办。两者共同之处是：都没有承担推动孩子成长的责任。

规训，注定失败

面对规训，人们通常会有两种应对方式和结果：第一，反感、反抗，招致更强力的规训；第二，顺从，变得懦弱而无力。

规训者认为，规训是基于对孩子的爱，目的是保护。

所有规训者都相信：规训是在帮助被规训者成长，使他们更有力量。但是，前述两种被规训者的应对方式和结果，都是阻碍了他们的成长，给他们"去权减能"的。

规训是画一个圈，让孩子不能出这个圈，在圈里生活，担心孩子出圈后会有风险。这就像孙悟空给唐僧画的圈，然后告诉唐僧：在这里面，我的法力在保护你；如果你跑出去，妖怪们可要来吃你了。

规训是指出一条路，让孩子沿着这条路走。父母相信：按着这条路走下去，孩子就一定能够走上康庄大道，一定能够走向幸福人生，一定可以拥有美好的未来。

规训是提供了一本行动指南，无论什么事，孩子按着大人给的行动指南去做，就一定不会出错，一定"战无不胜"，诸事顺遂。

看起来，是不是"规训"一出，孩子照做不误，这个世界就会很"和谐"？孩子都会很"健康"？父母都很开心？

但是，"不许"与"必须"的指令一出，孩子真的会立即忠实地执行吗？孩子是否能在这些"不许"与"必须"的"教育"中成长为真正出色、负责任、积极向上的社会成员？

如果真有这么好的效果，就没有那么多家庭教育的烦恼了。父母只需要简单地发出指令，孩子听话地服从指令，便皆大欢喜。

事实上，"禁止"与"必须"带来的效果，距离发出指令者的期望，可能相去甚远，甚至背道而驰。所以，我们才会经常听到父母的愤怒与抱怨：

"和你说了多少次，就是不听话！"

"我怎么和你说的？你有没有记性啊？"

"这孩子，我是管不了了！"

"孩子进入青春期之后，我们对孩子就没有影响力了，他不听我们的了。"

……

可见，规训在许多时候是没有效果的。

我相信试图用"规训"的方式"教育"孩子的父母不是"太坏"，他们都是希望自己的孩子成长的。只不过，规训的做法"太天真"。

选择用规训的方式与孩子交流的父母，无论他们自己是否意识到，通常有这样一些根深蒂固的认知：

1. 小孩子什么都不懂，我（父母）有责任塑造他们正确的认知和行为方式；

2. 孩子太小，没有能力思考、判断和决策，无法理解什么是对错，所以需要我把对错清楚地告诉他；

3. 孩子是一张白纸，将按着我"教育"（规训）的方式成长；

4. 作为一个成年人，我拥有丰富的人生经验，我认为是"对"的，就是对的；我认为是"错"的，就是错的；

5. 孩子听我的话，按着我的"教育"（规训）成长，就会有美好、幸福的未来。

这些认知，普遍存在于成人世界，听起来好像很有道理，但是，普遍存在和被认可的就真的都是对的吗？

我们不妨思考以下四个问题：

1. 父母认为对的，就是对的吗？许多事情，每个父母（成人）的看法都不一样，甚至对立冲突，那么，哪个父母（成人）的看法是对的呢？

2. 常见的说法是父母有责任对孩子施加影响，这是为了孩子好，为了社会的利益。但是许多父母自己的人生已经千疮百孔了，为什么会觉得自己有能力规训孩子呢？而且，谁有权力决定什么是最符合社会利益的呢？把这个选择判断权交给每一个自以为是的父母，是非常危险的，有些父母自己都在做着对社会不好的事情。

3. 孩子真的是一张任人涂抹的白纸吗？他们是否是有主观能动性、可以独立思考的个人？而且每个孩子都不一样，我们是否要考虑到孩子个体的独特性？

4. 假使规训成功，孩子什么事都按父母指定的方式做，这个孩子就真的成长了吗？他的人生就真的幸福快乐了吗？

规训之所以不会成功，是因为：

1. 父母认为对的，不一定对。如前所述，许多父母对自己的人生非常不满意，更加渴望规训孩子的人生。

2. 孩子是人，不是机器。如果是机器，你可以输入一个指令，这个机器就按你的指令做事了。（如果人工智能的程度过高，连机器也会"反叛人类"，这样的科幻电影大家都看过。）人具有主观能动性，还有情绪、情感、个体需求，他怎么可能完全按你说的做？即使你是一个权力拥有者。

3. 就算一个孩子完全按父母的规训做了，他也没有成长啊！他只是"听话""乖"而已。他被动地接受父母的指令，不是自己思考、判断、选择的结果。真正的成长，是能力的增长，不是"听话"。父母可能跟着他一辈子吗？可能为他规划好未来一生所遇到的所有事情吗？这个孩子在没有父母"指引"的时候，怎么办？

奖惩：规训的手段

规训的强化手段是奖励与惩罚，两者的实施都需要非常严格的条件，也都注定会失败。

奖励要起到作用，必须同时满足以下条件：

1. 被控制者对于事物的需求，足以让他愿意付出服从的代价；

2. 控制者给予的奖励满足了被控制者的一些需求；

3. 被控制者需要依靠控制者才能满足这些需求；

4. 奖励必须是即时的，否则就会减弱。

惩罚的方式要起作用，必须满足如下条件：

1. 惩罚的方式的确让被控制者有被剥夺感，感到自己不受欢迎、被拒绝，这种感觉是被控制者所不喜欢的；

2. 惩罚带给被控制者的冲击足以让其放弃需求；

3. 由于依赖控制者，或者需要控制者提供的必需品，被控制者无法逃离被惩罚的环境，或者无法解除与控制者的关系；

4. 惩罚还与时效和力度有关，惩罚过晚会失效，惩罚的力度不够、力度太大都可能导致失效。

一位家长咨询我："我的孩子上小学四年级了。为了鼓励他学习，我们家制定了清晰的奖励规则，考100分，奖励孩子吃大餐，等等。一开始好像挺有效果，但我最近发现孩子好像不在意这个了，学习成绩还不如没有奖励时呢。奖励不能起到鼓励孩子学习的作用吗？我现在该怎么办？"

父母用奖励的方式鼓励孩子学习，是按自己的意愿对孩子进行"规训"。即：你达到我的目标，符合我的标准，我奖励你；反之，处罚你。像所有规训一样，这种方式也注定会失败。奖惩的方法将孩子的内在学习动力转化为了外在动力，是对孩子的去权、去能，而不是增能赋权。它可能短期见效，无法长期有效，更不会培养出积极向上的孩子。

前述案例中的父母，一开始奖励孩子吃大餐，孩子很高兴。他的学习动机就变成了吃大餐，原本求知的内在动力被替换掉了。

但是，总吃大餐，大餐就逐渐对孩子没有吸引力了。这就是边际效应递减。此时，孩子的内在动力已经没有了，外在动力又没有吸引力了，自然就不学习了。这不是"去权减能"，又是什么？

许多父母，用不断提升奖励等级的方式维持内在动力，比如，吃大餐没用了，就奖励他更向往的东西。但是，这新的奖励同样存在边际效应递减的情况，你只好不断增加奖励。我们不可能永远去不断地提升奖励等级。如果你不增加，孩子在感觉不到外在动力足够的强度刺激时，就会没有学习的兴趣了。

奖励无效，那么惩罚呢？

惩罚在当时可能可以阻止不当行为，但从长期看没有正面效果。惩罚，是让孩子恐惧，并不会使他们做得更好。受惩罚时的顺从，只是因为害怕，而不是因为自知犯错。所以，他们仍然没有学会对自己的行为负责。

惩罚只有在监管者在场的情况下才有作用。如果监管者不在，这个行为就会再次出现。大人外在的控制行为，并不会让孩子产生内在的控制力。惩罚是规训的一种方法，不会带来自律的孩子。

惩罚还有负面效果。比如，被惩罚者记恨惩罚者，伺机报复惩罚者，增加孩子的攻击性；下次重复同样的行为时，努力不被抓到；自卑，认为自己是个坏孩子，破罐破摔，继续扮演坏孩子的角色；变成一个讨好者，讨好别人。无论哪种结果，都不可能发展出积极的人格。

针对孩子的惩罚行为会加剧他们的不当行为，而不是改变这种行为。有些父母发现惩罚没有效果，会觉得惩罚的力度不够，以致孩子没有从中吸取教训，就会加大惩罚力度。惩罚伤害孩子的身心，孩子受到父母的伤害，特别是进入青春期后，会出现离家出走、逃学、自残、自杀等极端的行为。

惩罚会让孩子觉得父母并不是真的爱他们，虽然父母自己说，惩罚是为了孩子好，为了让孩子以后少犯错误，但孩子会以为：你爱我，是我考试成绩好的时候；你爱我，是我乖的时候；等等。

惩罚还培养了孩子错误的价值观，他们会认为力量决定一切，我们对我们爱的人使用暴力是合法的。

总之，惩罚行为，达不到父母想要的结果。

规训的可憎之处

规训，使孩子变得懦弱

父母养育的责任，是增加孩子的能力和力量。但是，父母对孩子的规训，会削弱孩子的力量和能力。

儿童教育家蒙台梭利认为：在和儿童打交道时，成人以自己为中心，把儿童看作没有能力的人，必须给他们指导。成人把自己看作儿童的创造者，并从自己与儿童的关系角度来评判儿童的好与坏，而成人则是一贯正确的。儿童必须根据成人的既定标准来塑造，儿童在任何方面偏离成人的方式都会被看作是一种罪恶，成人必须迅速地加以纠正。蒙台梭利说，成人如此做法，即使可以确信是基于对儿童充满激情和爱，以及为儿童的牺牲精神，也会压抑儿童个性的发展。

蒙台梭利的观点，就是对规训的批评。

在我看来，"规训"不是教育！因为真正的教育应该促进受教育者能力的增长，而规训不能。所以，规训即是"去权"。

遗憾的是，中国绝大多数父母使用"规训"的方式教育孩子，"规训"是孩子健康成长最大的敌人！

美国心理学家马德琳·莱文曾指出：父母的过度保护会成为一种"累积性失能"。这里的"能"指生存技能，长期的累积性失能，将使孩子应对正常生活的能力受损。

父母总是担心孩子做不好自己的事情，总想插手孩子的事务，背后是不相信孩子的智力、能力和常识。这种操控会使父母很累，很焦虑，同时又使孩子没有成长，没有自信，最终达不到父母想要的效果。

规训型父母的一大特点是，他们关注孩子取得的"成就"，远胜于孩子的成长。而他们眼中的成就，更多是指学校里的考试成绩。这样的父母给孩子很多学业上的压力，会让孩子觉得，如果我考试成绩不好，我便一无是处。这很容易让孩子自暴自弃。即使当下的考试成绩好，他们也很难发展出对生活的全方位的热爱。他们对世界的理解，被父母禁锢在教材的学习中。

当规训型的养育方式将注意力全部投入孩子的考试成绩和一味追求文凭时，就没有机会鼓励孩子品格方面的发展。未来的社会是什么样子？随着人工智能时代的到来，我们都不知道哪些职业会兴起，哪些方向会衰落。应对这些不确定的因素，真正让我们的孩子有把握的一定不是单纯的学习成绩，而是整个人格的成长和全方位的技能。但在规训中成长的青少年，他们在行为能力及建立人际关系方面都会表现得发育迟缓。

父母"代办"的时候，则关闭了孩子自我学习成长的路径，并在孩子成长的道路上设置了障碍。父母害怕子女失败，所以要替他们去做。仿佛如果在某件事情上失败一次，孩子就完了。父母事无巨细地帮孩子处理问题，只会损害孩子自身发展、获得成功所必需的能力。如果孩子从来没有自己决定过，没有经历过失败，他们才"完"了呢。父母持续不断地照顾孩子，让他们错过了需要承受的失败，而只有通过挫败，他们才有机会站起来，才有机会迎接挫败。你能想象一个30岁的人在职场上工作，他的爸妈站在他的办公桌边指导他吗？

父母规训的初衷，也许是保护孩子避开风险，但结果一定是将孩子置于更大的风险中。因为在规训下长大的孩子，一切都是父母为他安排好的，就好像一直被父母抱在怀里，一直在襁褓中。实际上，他被剥夺了真正成长的机会。父母帮助他遮住了一时的风雨，但是，父母不可能一生都给他遮风挡雨，他总要独自面对社会。然而，他还没有机会学会走路呢！

一个处处听父母话的孩子，一个完全服从规训的孩子，即使父母的"规训"都是"正确的"，他也不可能真正成长为一个健全的成年人。

在第3章中会提出，孩子一出生就具有潜在的能力，我称之为"八大宝藏"。但是，如果孩子得不到发展其内在潜能的机会，就仿佛宝藏被盗走了。父母应该做的，是激发孩子的潜能，及时给孩子发展其潜能的机会。但是，规训则阻碍了潜能的实现，导致孩子过于依赖父母。

被规训的孩子要么与父母对抗，要么对父母顺从，同时形成奉承讨好、欺骗、欺负弱小、逃避、退缩、缺乏创造力、害怕尝试新东西等行为模式。规训会让孩子失去学习内在控制的机会，他们内在控制的能力不断被削弱。

规训是一种服从训练，会使被规训的孩子变得懦弱。在父母的规训下长大的孩子，外面的世界对他们来说太危险，他们没有自己的主见，不相信自己有能力应对变化的世界，甚至不相信自己能独立做好一件事。

蒙台梭利说，习惯于依赖父母的孩子会变得胆怯懦弱，总是躲在父母的背后寻求庇护。父母发现自己很容易就能控制孩子的思想，似乎孩子的整个生命都与父母捆绑在一起，他们经常让父母帮助自己，而自己却很少尝试。有的父母很喜欢这种状态，意识不到孩子其实是自己的牺牲品，也无法意识到是自己的行为正在毁掉孩子的人生。

在父母规训下产生无助感的孩子，进而可能产生抑郁情绪。研究显示，无力去实现自己的任何想法，是导致抑郁的重要原因。

在父母规训中长大的孩子，因为学习了权力的应用，也可能用这种权力来对付别人，他们中许多人会试图去支配和欺负其他人。

另外，被规训的孩子，成年后更可能服从权威，否定自己的需求，不敢表现真实的自己，害怕冲突，过于顺从。

可见，规训不是爱孩子，而是害孩子。

某些时候，规训就是家庭暴力

规训的本质是权力和控制。家庭暴力的本质也是权力和控制。当规训强硬到一定程度，它就是家庭暴力。

规训具有强迫性。当孩子拒绝规训的时候，有的父母会暴跳如雷，大吼大叫，甚至付诸暴力。

家庭暴力不只是伴侣之间的，也包括父母对孩子的暴力、孩子对父母的暴力。家庭暴力的形式，包括肢体暴力、精神暴力、经济暴力、行为控制等。

肢体暴力，如媒体披露出来的父母，针扎、鞭打、脚踢……打得孩子遍体鳞伤，甚至剥夺了他们的生命。但更多的父母对孩子的肢体暴力，可能是打屁股这种形式的，看似轻微，性质上仍然是肢体暴力。

精神暴力对孩子的伤害可能并不比肢体暴力弱。

一位父亲，信奉严厉教子，无论孩子多么努力，都永远在指责他，永远拿他的不足与别人的长处比，自以为这是在"激励"孩子上进，却不知道这样的精神暴力将给孩子的心灵留下怎样的重创。

一位母亲，望女成凤，常年逼着孩子上各种课外班，学习各种技能，孩子已经厌烦透了，快乐的少年时光被完全剥夺了。这就是精神暴力加行为控制。

媒体曾报道，一位父亲在骑车带孩子上学的路上不断数落他，结果孩子突然跳下车，跳河自杀了。父亲可能还不明白怎么回事呢，其实是孩子受到的精神暴力已经让他忍无可忍。

父母不打孩子，不骂孩子，就没有暴力了吗？

当孩子拒绝规训时，有的父母不舍得打孩子，却气急败坏地使劲抽打自己的脸，这也是对孩子的精神暴力。

一个中学生告诉我，他最受不了的，是父母跪在他面前，求他"好好学习"。这也是对孩子的精神暴力。

孩子惹你生气，为了教训他，你是否毁坏过他心爱的玩具？如果有，这也是对孩子的精神暴力。

"如果你不做……我就不爱你了。"这种父母"撤回爱"的威胁，即使只是恐吓，也是精神暴力。

一些父母对孩子提出不切实际的要求，给孩子造成高度的压力，这也是精神暴力。孩子出现抑郁、焦虑，甚至严重的心理和精神问题，往往与此直接相关。

为了避免孩子"早恋"，父母不让他假期外出，不让他和异性交往，甚至不让他参加同学的生日会……这些都是对他的"行为控制"，是家庭暴力。

父母偷看孩子的日记，孩子因此感到受伤，这也是对孩子的精神暴力。

…………

生活中有更多的父母对孩子实施家庭暴力的事例，但当你指责他们这是"家暴"时，父母通常会很委屈、很无辜、很愤怒。

父母会说："我是因为爱孩子才这样！我是为了他'好'才这样！我是为了保护他才这样！"在这样的论调下，暴力被公然认可，甚至被认为是有益于孩子的。

爱而不会爱，实质就是以保护为名的伤害。

所以，我说，在某些时候，规训就是家庭暴力。它往往剥夺了孩子的自主性，有些父母想让孩子按他们的意愿办，控制孩子的行为，要求孩子服从他们的命令。

有些对孩子施暴的父母，也许会说："暴力解决了问题呀。"

诉诸暴力，在当时可能会成功，但放到孩子一生来看注定是失败的，是得不偿失的。为什么？因为处于家暴中的孩子面临一系列的创伤，有些终生难以愈合。

也有昔日曾在原生家庭中受暴，现在施暴的父母会说："爸妈虽然对我施暴，但我现在过得很好啊。"错了，你现在对孩子施暴，就是家庭暴力的传承，你的孩子就是受害者。而且，如果没有父母的暴力，你可能会过得更好。

让我们列举一下在家暴中成长的孩子出现的常见问题：

婴儿阶段：不能健康成长，无精打采，日常吃饭、睡觉紊乱，发育迟缓，等等。

5—12岁：以强凌弱，一般攻击，抑郁，焦虑，退缩，创伤后应激障碍症状，对立行为，破坏财产，糟糕的学习成绩，不尊重女性，社会性别刻板印象，等等。

12—14岁：约会暴力、以强凌弱、低自尊、自杀、创伤后应激障碍症状、逃学、身体不佳、不尊重女性、社会性别刻板印象，等等。

14—18岁：约会暴力、滥用酒精/毒品、离家出走、学业成绩突然下降和逃学、不尊重女性、社会性别刻板印象，等等。

成年之后：自卑、心理健康受损、人际关系困难、畏惧或难以开展亲密关系、传承暴力、缺乏自信，等等。

父母希望通过"爱"孩子要达到的目标，反而更无法实现。

父母对孩子的权力是监护权，是满足他们的需要的权力，是促进孩子成长的义务。父母不具备控制孩子的权力。

被规训的儿童，是不快乐的，他们的生活是扭曲的。当他们被搞得精疲力竭时，他们不再是儿童了。

规训，破坏亲子关系

父母与孩子的关系，本来应该是生活中最亲密的一种关系。规训，却使亲子关系阴霾重重。

朱自清著名的散文《背影》，让我们看到了一位慈爱的父亲的形象。其实，朱自清的父亲一直对儿子进行规训，父子关系非常紧张，一度互不理睬。朱自清的这篇散文，正是在这一背景下完成的。他内心的痛，在通过这篇文章进行自我疗愈。

奥地利小说家弗兰茨·卡夫卡也是一样，他的父亲赫尔曼·卡夫卡对儿子毫无底线地呵斥，觉得孩子应该对他怀有感恩之心，要孩子在他的意志下生活。赫尔曼·卡夫卡对儿子严格的管教方法，使卡夫卡从小在心理上就笼罩着威权的阴影。卡夫卡留下一封写给父亲的长信，但至死都不敢寄给父亲。

媒体时有报道，某个留学生到国外后，和父母断绝关系，几十年不联系。对于这类报道，网民一致谴责那个孩子。但是，我的专业经验让我知道：这个孩子一定是生活在父母暴力的阴影下的，他与父母的亲情早就被父母压迫得荡然无存了，他选择了逃避父母，否则，即使他成年了，也会被父母的精神暴力逼得活不下去的。

作为一种服从训练，规训致力于让受规训者变得对规训者畏惧，而这常常同时令受规训者对规训者产生敌意和仇恨。所有人被迫从事的事情，都是十分困难或者令人不快的。在这样的压力下，他们不仅做不好这件事，还会使他们的身体和心理被压垮。

顺从规训的结果，我们前面已经提到。另一些孩子会反抗规训，他们对规训愤怒，进行抵抗、报复、攻击、与其他孩子结成联盟联合对抗，等等。这些都显示了亲子关系的失败。

父母会发现自己的权力，早晚有一天会用完。权力依赖于被规训者的软弱和无助。一旦孩子长大，不再依赖父母的供养，父母的许多权力就失去了，一些父母抱怨说："我们对孩子的影响力越来越小了。"就是印证。

进入青春期后，孩子的自我独立意识增强，如果这时父母还想像孩子小时候那样控制、规训他们，便会激发冲突。孩子会以强烈的情绪反应与父母对抗。所以，所谓"青春期叛逆"其实只是要求独立的青春期孩子，与不想放弃规训的父母之间的权力博弈。青春期孩子的"叛逆"不是针对父母，而是针对他们的权力，是针对他们的规训。需要改变的，是父母。

当一个社会鼓励父母对孩子的控制的时候，实际上就把孩子置于一个面对权力，甚至暴力的最弱者的位置上。父母的权力并不能真的影响孩子，它只会强迫孩子作出一些特定的行为。只要这种权力消失，孩子就会回到原来的行为方式，因为他本身的愿望并没有改变。

使用权力的父母造成孩子的反感，削弱了他们对孩子的影响力。好的亲子关系才会增加父母对孩子的影响力，孩子才会认真考虑父母的想法和感受。

协商规则，放弃规训

规则的标准

有父母说："难道父母不应该给孩子建立规则吗？"

有些父母主张给孩子建立规则，所谓"没有规矩，不成方圆"。父母的想法是：孩子太小，尚不具备自主思考、判断、选择的能力，自我控制力差，必须由父母给孩子制订规则，才能保护孩子健康成长。

但是，要警惕规则变成"规训"。所以我们讨论规则的时候，要看是针对什么事情的规则，什么样的规则，以及这规则是否是孩子参与了制订，是孩子心悦诚服地认可的。

我主张要从以下六个方面思考规则：

1. 从行为影响到哪些人的角度。我们每个人做的事大约可以分为三类：只与自己有关；与自己和家人有关；与家庭之外，乃至整个社会有关。只与自己有关的事，自己拥有绝对的自主权；与家人有关的事，可以和家人协商，制订彼此均认可的规则；和整个社会有关的事，不能侵犯别人的权益，法律便是整个社会已经制订了的规则。属于孩子自己的事情，孩子便拥有绝对的决定权，父母也可以提供建议，但只拥有建议权。属于孩子和父母共同的事情，比如，孩子的行为影响到父母的生活时，则每个人均拥有一票否决权，即制订规则必须所有人都有同等的权利。在这个过程中，需要协商与妥协，而且是所有人都作出妥协，不能只是让孩子或父母一方妥协。至于与整个社会有关的事情，就要遵守社会规范与法律。

2. 在孩子小的时候，无法参与制订规则的时候，父母不是不可以单方面制订规则。但这个规则不能侵犯孩子的利益，而且要让孩子理解。父母单方面制订的规则，应该是底线，是最低的要求。比如，孩子应该去上学，应该吃饭，不能有暴力，不能伤害别人，应该有充足的睡眠，等等。这是一些比较容易让孩子理解和接受的规则，孩子只有理解了才能真正遵守。除了底线之外，我们不能对孩子不断地提要求，我们要给孩子自由探索的空间，他才能够真正完成成长。

3. 父母应该尽可能地让孩子更早地参与到规则的制订中。父母应该懂得：孩子越早参与，对孩子的成长越有帮助。因为一起讨论规则，就是增能赋权的过程。特别是进入青春期之后，没有孩子的参与，永远不要制订和他们有关的规则。此时，父母唯一有权单方面"制订"的规则，就是复制国家和社会已经事先制订的规则，比如，不能杀人、不能强奸、不能吸毒，等等。甚至连抽烟、喝酒，父母都不能单方面给孩子制订规则。所以，父母任何时候制订的规则，都应该是底线规则。

4. 孩子参与制订规则，绝不应该仅仅是形式上的参与。父母和孩子讨论规则的过程中，应该真正尊重他们，心平气和，平等地商讨界限，而不是假借协商之名，将自己内心已经确定的方案强加给他们，那就是假赋权、真规训。孩子希望从父母那里得到适宜行为的信息，不喜欢父母用威胁或者权威的手段限制他们的行为。成人最大的问题是不相信孩子的能力，更相信规训的力量，常以自己的意愿限制孩子的行为。当父母单方面想给孩子设限的时候，就是进行规训，孩子会产生不满、愤怒和怨恨。

5. 与家庭成员有关的规则，一定不可以是只约束孩子的，而应该是针对所有家庭成员的，父母也必须以身作则遵守这些规则。连自己都做不到的事情，就不要让孩子去做。

6. 对于违反规则的行为，要首先看看违反的原因，包括是否可能是规则本身有问题，而不要先谴责违反规则的人。规则是人制订的，它就不是必然的真理，不是不可以挑剔的。有些规则本身便具有时效性、情景性。

永远记住：与规则相比，自己选择的机会和权利更让孩子感到舒适。增能赋权的家庭教育强调的是，提供多种选择，让孩子自己思考、判断、决定。

真的爱孩子，就要放弃规训

规训，如此不靠谱，为什么还有父母要这样对待自己的孩子呢？因为他们有绝对的权力。

家庭教育中的规训，本质上是因为父母对孩子拥有绝对的权力。父母内心不放弃权力拥有者的自得，就一定会使用规训的亲子"教育"模式。

规训是权利不平等关系中的一种"暴政",是父母对孩子的压迫,是以爱为名义的伤害。今天,越来越多的中国小孩出现了精神问题,这有什么奇怪的呢?这不都是规训式的家庭教育惹的祸吗?

父母要清楚,你对孩子的"保护"、规训,最迟在孩子离开你读大学的时候便很难再施加影响了。对于习惯在父母保护下的孩子,进入大学,离开家庭,进入陌生的环境,面对激烈竞争的学习环境,他们会面对非常大的压力。

父母必须在这之前帮助孩子完成增能赋权,让孩子有能力去面对大学校园,进而面对职场,面对整个成人世界。否则,就是不负责任的父母。

我们在大学校园也能看到这样的学生,凡事都要父母决定,就像他们小学时一样。有的父母在儿女读大学之后还要每天电话指导他们做各种事情,时常感到鞭长莫及。

在海外留学的中国学生,出现抑郁症的比例非常高,许多学生不得不休学甚至退学。究其原因,也和他们没有自理能力有关,没有抗挫能力有关。

所以,当孩子具有一定的独立意识后,父母就应该尽量放手,让他们自己去做一些事情,不要强行要求孩子这样做或者那样做,不要进行规训,要少给孩子一些压制。最好让他们在离开家庭独自生活之前,具备良好的自我管理能力、执行能力、情绪管理能力、人际交往能力等。

爱不是控制,爱不是占有,爱不是把你的意愿强加给孩子。

爱是尊重，爱是信任，爱是协助其成长。

蒙台梭利说："一个教育者，他必须检查自己，摒弃他的专制，必须消除他心里用外壳包住的傲慢和愤怒，他必须变得谦虚和慈爱。"

心理学家弗罗姆也说过类似的话："父母对孩子的爱，是世界上最艰难的爱。其他爱都是要与所爱的人离得更近，唯有父母对孩子的爱，是要让孩子离自己渐行渐远。"

成功的父母是：看着孩子渐行渐远的身影，你非常确信，孩子离开了你，也会有健康快乐的生活。而孩子那渐行渐远的身影，也步伐坚定，自信。因为他确信，即使没有父母在身边陪伴，他也不会辜负父母的期许，绝对可以走好人生。

练习 1

反思一下，你对孩子采取过哪些规训的行为？效果如何？制订一个改变的计划。

练习 2

下面这些事情，哪些属于应该完全由孩子自己决定的，哪些属于父母和孩子共同的事情？

- 幼儿在家中奔跑毁坏了家里的东西。
- 孩子们玩耍时大声吵闹，影响父母的休息和工作。
- 小学生在寒暑假留什么发型。

- 小学生找父母要 5000 元报名夏令营。
- 中学生和谁交朋友。
- 准大学生选哪个专业。
- 大学生和谁谈恋爱。

我们已经同意：去权型（规训型）父母的养育方式只会使孩子变得懦弱、无力，出现一系列身心问题，而弃权型父母同样是不负责任的。那么，我们就要开启赋权的旅程了。所谓赋权，就是增加孩子的力量！

家庭教育中的赋权，就是父母致力于增加孩子的力量，不再用规训减弱孩子的力量。赋权型父母，努力帮助孩子获得处理生活中各种问题的能力。这是由规训者向真正教育者的转变，由控制者向真正会爱孩子的父母的转变。

02

赋权：
真正促进孩子成长

赋权：增加力量，行使权利

什么是"赋权"

赋权，英文 empowerment，又被翻译为培力、增能、充权，等等。字面意思就是：更加有力量。

赋权的概念，主要是从 20 世纪 90 年代开始在国际上变得流行起来，并被应用到诸多领域。

"培养能力""增能"，是赋权领域中被大量使用的词语。能力培育让人们获得新的技巧，或者更有意识地使用新的技巧，并且可以提高自信，以及负责任的能力。

赋权，既是理论，也是方法。从理论的角度看，赋权关注个体的权利，关注人们对其生命的掌控权；而从方法层面看，赋权探索如何提升缺乏力量的人的力量。

被赋权的人有很大的自主权和很强的独立性，赋权是将决策的责任和资源控制权授予或转移到那些即将受益的人的手中，增加他们对影响自身生活的资源和决策的支配能力。

赋权重视每个个体的人，相信每个人成长的无限潜能，并且致力于开发这些潜能。

赋权，有些像心理咨询师对来访者做的咨询技术。咨询师从来不可以把自己的意见强加给来访者，而应该推动来访者自己思考、决定，这样来访者才能真正成长。事实上，女性主义心理咨询使用的最重要的技术便是赋权。

将赋权用于性教育、家庭教育

赋权的概念，影响深远，包括对教育的影响。

许多教育学者已经开始倡导和实践教育、教学中的赋权。学校里的教育赋权，简单地说，就是以学生为教育主体，颠覆以往老师和学生的权利关系，赋权给学生，使学生在教学内容、教学过程中具有更大的自主权，在教学活动中有更好的参与性，获得更多的体验性，提升学生在学习过程中的主动性，最终目的是促进学生知识、能力更好地增长。

2013年开始，我将赋权的理念应用到儿童青少年的性教育中，提出"赋权型性教育"理论。

赋权型性教育明确提出，性教育的目的是：提供给受教育者相关的资源，帮助他们获得选择的能力，最终使受教育者具有掌控自身与性有关的事务的权力和能力，可以作出对自己和他人负责任的选择。

为了实现赋权的目的，我们选择的性教育内容也是赋权的，教学方法更是赋权的。

在内容上，我提出：凡是与人类的性、身体、情感、性别、亲密关系有关的事情，都是赋权型性教育的内容。越是有争议的话题，越是我们重视的内容。因为有争议的话题，才更可能用来推动受教育者的思考、判断和选择，才更有可能促进他们能力的增长。

在形式上，我们放弃传统的课堂教学模式，采取类似于心理学团体辅导的形式，促进同龄群体间的自我呈现、分享、辩论、思考。教育者不将自己的价值观强加给学生，而是尊重学生自己的价值观。我提出了赋权型性教育"性的三原则"，即"自主、健康、责任"，还提出了赋权教育的三步骤：分享信息、推动思考、尊重选择，我将它简称为"赋权三步"。

当然，如果学生呈现的价值观违背了人权、性别平等，教育者就要明确地指出来，帮助学生树立正确的价值观。

性教育，本质上还是教育，是教育的一部分。

赋权型家庭教育，延续赋权型性教育的传统，给孩子增加力量，让他们有能力作出对自己负责任的选择。

孩子在某种意义上是被污名的团体，他们被认为年龄小、不懂事，不能够控制自己，等等。我们承认孩子可能在某种情境中是能力不足的，但我们不应因此就"代办""包办"，而应给孩子增加能力。赋权是一个远比规训更为艰难的过程，但它是建立在尊重孩子的自主性基础上的，是致力于增加孩子的能力的，所以一定是促进孩子真正成长的。

孩子成长中需要的能力，不会随着年龄的增长而自动增长，父母必须在孩子的成长过程中潜移默化地对其进行增能的训练。这种训练从婴幼儿时期就应该开始了，这样才能够让他们成年后具有这样的能力，能够独自去应对充满挑战的世界。

在家庭教育中，赋权型的父母要扮演的角色也像是咨询师——推动孩子思考、决定的咨询师，这样孩子才能真正成长。

赋权，是未成年人参与的过程

赋权，目的是让未成年人可以自我决策、自我负责。这就需要他们参与进来，所以，赋权的过程也是鼓励未成年人参与的过程。

赋权领域的学者罗杰·哈特提出了八个阶段，最低的三个阶段是非参与性的，最高阶段则表示最充分的参与。这八个阶段如下：

阶段一：操纵，完全是操控和利用青少年；

阶段二：装饰，青少年被利用来间接地拉抬一个方案或活动，他们仍然没有发言权；

阶段三：门面象征主义，表面上青少年有发言的机会，但实际上只是一个摆设，他们完全没有影响力；

阶段四：大人们分派青少年担任特别的任务，并且让他们知道自己如何被安排于其中；

阶段五：青少年是大人们咨询与知会的对象；

阶段六：由大人们发起的积极行动，在决策上则与青少年共同进行；

阶段七：由青少年发起与领导的积极行动；

阶段八：青少年与大人们共同决策。

我们可以看到，这八个阶段，就是由规训到赋权的逐阶演化过程。从规训到赋权，不存在一个泾渭分明的界线，而是一个连续体。

将我们平时所见、所做的家庭教育，对照着放入这八个阶段并不困难。规训，很显然属于第一阶段的"操纵"和第二阶段的"装饰"，有时教育者甚至连"装饰"都懒得做。

第三阶段的"门面象征主义"，以及第四阶段，表面上让青少年发声，但是，教育者早已经规划出一个"目的"，如果青少年的发声不能够最终落到这个"目的"上，教育者便会站出来，把"目的"强加给他们。当然，更大的可能性是，青少年早就知道了教育者的"真心"，其中一些被文化规训了的"乖孩子"，或者"机灵的孩子"，会顺着教育者希望他们达到的目的进行"表演"。

第五阶段，看起来像是前往真正的赋权的过渡了。

阶段六至阶段八，则真正是我们倡导的赋权了。其中每一个阶段，规训都减少一点，距离赋权更近一点。我们看到未成年人的自主性得到了充分的体现。他们不再被决定，被知会，而是开始主导决策和行动了。

但是，在我看来，这仍然不够。阶段六至阶段八，只能算作赋权的过程，不应该被视为赋权的结果。

赋权的最终目的，父母应该让孩子有能力对自己负责。所以，这里还应该有阶段九：孩子完全自主负责，不需要成人参与。

每个孩子在生活中都会碰到各种各样的问题，他们不可能永远去寻求父母的帮助，也不可能永远与父母共同决策。如果他们一直依赖父母的帮助，这些问题就会成为他们永远无法解决的问题。而且父母也没有能力，一直帮助孩子解决问题。在孩子自己寻找解决这个问题的方法的过程中，他们会培养自己的能力、挖掘潜力，进而增长才干。

毕竟，赋权应该是让孩子具备在人生成长的过程中，作出负责任的选择所需要的能力。

从长期来看，赋权的目的一定是把解决问题的权利和机会全部交给孩子。父母可以作为孩子解决问题过程中的一个顾问，让孩子知道，他们随时等在那里，随时可以提供帮助。但是父母不主动去帮助孩子，只是等到孩子需要的时候过来问他们："我现在遇到了一点困难，你们能帮助我吗？"

事实上，孩子拥有自主决策权，并不意味着他们完全拒绝父母的意见。亲子关系良好的家庭，孩子希望父母听到自己的声音。儿童期的孩子，会直接问父母该怎么做，有什么指导意见。青春期的孩子，想让父母同意他们按自己的方式做。父母当然不一定要全部同意，但简单地反对往往没有意义。父母可以用"赋权三步"，即分享信息、推动思考、尊重选择来影响孩子。对此，本书将在上编第12章 "赋权三步"进行讨论。

赋权：孩子人格的全面成长

规训只给孩子一个要求，让他没有选择。赋权型家庭教育是给孩子选择的权利。

家庭教育的目的，是操控、征服、控制孩子，还是成为孩子心灵的解放者？如果是前者，就用规训；如果是后者，就用赋权。

我们越是认清"规训"之无效，甚至有害，就越会清楚：赋权是真正有效、真正促进孩子全面成长的家庭教育。

与规训相比，赋权型家庭教育的"增能赋权"理念有如下特点和优势：

1. 与规训只是简单地告诉孩子"不许"与"必须"相比，"赋权三步"致力于让孩子自己思考、判断、选择，在这个过程中，孩子才能真正成长。

2. 与规训消耗孩子与生俱来的内在力量，让他们变得消极、懦弱、自卑、无助、身心健康受损相比，赋权努力激活孩子的内在力量，推动他们自身对美好生活的向往，使他们变得积极、乐观、自信、有梦想。

3. 与规训带给孩子对父母控制的反感、叛逆相比，赋权是充分尊重孩子的，是基于平等的亲子关系的，这种关系会促进家庭和睦，让孩子产生幸福感、安全感，增进亲子感情。

4. 与规训体现出的对孩子的不信任相比，赋权给予孩子充分的信任和尊重。在被尊重的前提下，孩子体验到爱，内心也会充满爱，他们会更热爱生活，更自信，对自己、他人、社会会更加负责任。

在赋权型家庭教育中，孩子的选择能力更强，心理疾病更少，更加健康，更能承担责任，人际关系更好。这种家庭会为孩子未来的人生做好铺垫。

赋权型家庭教育的目标：通过让孩子具备对自己的人生作出负责任行为选择的能力，最终培养一代热爱人生、拥有梦想、积极向上、意志坚定、自主负责、能力卓越、亲子关系和谐的青少年！

赋权，促进孩子理智的成长

每个人都具有情绪和理智两套系统。情绪是自动、本能的反应；理智则基于思考、判断、推理，能够帮助我们对生活作出正确的反应和理智的选择。

规训一定不会促进理智的发展，只会激活孩子的情绪系统，让他们以回避或者攻击的方式应对，而这些都进一步远离了理智。

赋权，推动孩子思考、判断、选择，推动孩子理智的成长。

赋权型家庭教育中，孩子是家庭中平等的一员，孩子可以有和父母不一样的想法、情感及外在行为；孩子可以设定自己的目标，并以自己的步骤朝目标迈进；孩子无须通过回应父母的期待来设定自我发展的方向；父母会表达自己的不同看法和观点，但不会通过规训的方式，强迫孩子接受自己的观点和看法……所有这些都将促进孩子理智的发展。

赋权，通过关注感受，促进孩子的行动

规训，是对孩子的认知开展工作；赋权，是对孩子的感受开展工作。

规训，是父母"摆事实、讲道理"的说教，目的是提升孩子的认知，针对认知层面着力，从心理学上讲，这样做的效果并不好。

赋权，关注的是孩子的自我心理感受层面，这又被称为"体验性自我"。如果能够在青少年的自我心理感受层面产生变化，影响将是深刻的。

这似乎是所有家庭中都或多或少会存在的情景：父母催促孩子做一件事，比如，洗漱，写作业，睡觉，父母的催促会让孩子启动自我防御机制，他们的自主感被剥夺了，可能会与父母更对抗。而如果父母改为赋权的方式，理解孩子此时不想行动的原因，共情孩子的感受，站在他的角度安慰他，不给他设限，甚至明确告诉他：不想做就不做了，这时，孩子反而可能要开始行动了。

对于习惯于听到成人世界"规训"声音的孩子，当有人尊重他们的想法，致力于推动他们的思考和成长的时候，就是对他们心理感受层面的工作启动了。

在本书稍后，我将详细解释赋权型家庭教育的"八大魔法"，排在第一位的便是"深度陪伴"。深度陪伴需要积极倾听，积极倾

听就是在孩子的感受层面开展工作。

赋权，增加孩子的自主感

自主感对每个人的成长都非常重要。自主感是：这件事是我想做的，我也能够把它做好。只有这时，一个人的内在动机才会被激活，才会有动力。

一个人越能够自主地安排自己的生活，他就越有良好的自我感觉、高自尊、幸福感，以及良好的自我成长。

最好的管理一定是自我管理，最好的教育一定是自我教育。

赋权的过程，就是给孩子成长的空间，父母要做的是：少说教，少干预，多给情感的关怀。

马克思曾说，当一个人握有意志的完全自由去行动时，他才能对自己的这些行为负责。

当孩子自己做的时候、自己体验的时候，我们为他创造了归属感、安全感，这时孩子的自我效能感就会提升，对生命就会有更多的掌控，觉得自己更有力量，世界更美好。这样的孩子，自然会对自己的人生更加负责。

赋权，增进亲子关系

在孩子的成长过程中，亲子关系比什么都重要。

亲子教育中的每一个难题，都是一个促进孩子成长的机会。同理，亲子间的每一次冲突，也都可以成为增进亲子关系的机会。

只是，如果我们用规训的方式，难题还是难题，冲突还是冲突。增能赋权，会变难题为机会，变冲突为机遇。因为赋权的背后是爱与尊重。

赋权型家庭教育下，父母放弃了权力，不再试图控制孩子。这种放弃的背后，是父母对自身角色的全新理解，自己与孩子的关系的重新界定。孩子不再被视为父母的"财产"，孩子是独立的个体，有自己的尊严和价值。

赋权型家庭教育模式下的亲子关系，是平等的亲子关系。 因为父母并不想把自己的意愿强加给孩子，而是尊重孩子的意愿。这样，亲子间便没有发生冲突的机会了。**亲子间的冲突，是规训式家庭教育带来的。**

赋权型家庭教育，视每个孩子为具备无限成长机会、充满积极向上潜能的个体，具有"八大宝藏"；而父母要做的，是通过"八大魔法"努力挖掘每个孩子的内在力量。关于"八大宝藏"与"八大魔法"，本书在上编第3章至第11章会详细论述。

赋权，增进良好的亲子关系；良好的亲子关系，同样有助于赋权。这是一个相互促进的过程。

为了实现这样的亲子关系，父母必须学习。许多父母觉得：我爱孩子，这就足够了。但是，**爱不足以成就父母，做父母是需要学习的。许多能力不是天生具备的，特别是绝大多数的父母都出生在规训式教养的原生家庭中，这让我们传承了规训的模式，却没有机会学习赋权的方法。**

父母的学习，最好在孩子出生之前开始。在婴幼儿时期，你对待孩子的方式已经在影响孩子了。也就是说，规训或者赋权，在婴幼儿时期就开始了。

当然，父母的学习是一个在实践中不断学习、终身学习的过程，不会在几天内完成。幸好，这个过程伴随着孩子的成长，对父母来说就是体验幸福的过程。

孩子,能够被赋权吗,如何赋权

每个孩子出生时都带来了"八大宝藏"

当我们进行赋权型性教育的时候,总有人怀疑:孩子,能够被赋权吗?

赋权的背后,是儿童观。

如果认为"人之初,性本恶",孩子就无法被赋权;如果认为每个生命都自带积极向上的力量,孩子就能够被赋权。

在与孩子们交往的过程中,我深深地相信:每个孩子都生而具有积极向上的力量,包括好奇心、求知欲、对生命的热爱,等等。我将这些总结为每个人与生俱来的"八大宝藏",即:好奇心、求知欲、想象力、创造力、进取心、抗挫力、专注力、生命力。

这些都是积极向上的力量。这些力量注定了我们会去追求幸福美好的生活,也能够拥有幸福美好的生活,注定了我们会作出对自己和他人负责任的选择。

问题来了。一定有人会问:"既然你说的这八大宝藏是每个人都有的,出生时就带来的,那为什么有人没有所谓'积极向上的力量'呢?"

答案很简单:规训式的家庭教育,破坏了这些积极力量!规训,就像一个强盗,偷走了孩子的这些宝藏!更准确地说:是使用规训手段对待孩子的父母,偷走了孩子的八大宝藏。原本孩子很轻易地就会到达许多父母期许的境界,但是,规训反而使这变得遥不可及。

失去了八大宝藏的孩子,变得萎靡不振,厌学,甚至厌世。他们也很自然地会与偷走宝藏的父母冲突不断。

赋权型家庭教育要做的,就是让父母把偷走的宝藏还给孩子,帮孩子把所有的宝藏都挖掘出来、发扬光大。因为这些宝藏原本是存在的,所谓的增能赋权,只是将这些宝藏呵护好,激活而已。

所以,赋权不是将孩子原本没有的、外在的什么神奇的力量加给他们,而是将他们原本就有的、生命中最积极的力量,挖掘出来,呵护好,让他们变得更加强大。

人本主义心理学家罗杰斯认为,每个生命都有自我实现和成长的倾向,只要提供适合的环境,每个人都将有能力指导自己、调节自己的行为,控制自己的行为,从而实现良好的自我选择。

三大基本心理需求,注定每个孩子积极向上

在心理学上,有许多理论可以为我说的八大宝藏提供理论的佐证和支持,比如"自我决定理论"。

自我决定理论的核心是三大基本心理需求,它们分别是:自主需求、胜任需求、归属需求。

自主需求:我能决定自己的选择。简单地说,每个人都渴望自己做决定,当他体验到自己的自主性,能够主宰自己的行为,是自己的主人之时，他行动的动机会增强。

胜任需求：我能胜任。个体在参与某项活动时，渴望自己能够胜任，相信自己能够胜任。当胜任需求得到满足时，行动的动机会增强。

归属需求：我和他人是融合的。个体需要与他人联系，得到关爱、理解、支持，并体验到一种归属感。

对于每个人来说，满足这三种心理需求，能够促进他们外部动机的内化。而违背这三种心理需求，就会降低个体的自主动机、学习及工作的效率和幸福感。

自我决定理论的一些理论假设是：人的天性是积极的；人可以自我激发；人拥有好奇心；人具有先天的心理成长和发展的潜能；人渴望成功，而且获得成功本身就是一种较好的自我满足与自我奖励。

自我决定的潜能可以引导人们从事感兴趣的、有益于能力发展的行为。这种对自我决定的追求构成了人类行为的内部动机。所以，按照自我决定理论，每个孩子都将是积极向上的。这和我说的八大宝藏注定每个孩子都是积极向上的，有异曲同工之妙。

按照自我决定理论，没有孩子不想好好学习，如果他们不想学习，那一定是遇到了困难。在我看来，这个困难通常是父母采取规训式的家庭教育模式造成的。如果父母是赋权型的，孩子至少不会在家庭中遇到困难；如果他们在学校遇到困难，赋权型的父母也会很容易地协助他们应对。赋权型家庭教育的父母要做的是事先为孩子增长能力，当孩子遇到困难时协助他们应对，最终促进孩子成长。

赋权，适合中国孩子吗

我经常面对的另一个针对赋权的质疑是：赋权是来自西方的概念，外国的孩子能够做到的，我们中国的孩子不一定能够做到，因为文化不同。

如果说中国的孩子不适合赋权，那主要是因为缺少懂得赋权的父母。

很多中国的父母一直用规训的方式对待孩子，他们不相信赋权的力量，也没有赋权的能力。所以，这还是父母的问题，不是孩子的问题。

传说中的"别人家的孩子"，与自己家孩子的唯一差别，并不是孩子间的差距，而是父母间的差距。"其他国家的孩子"也是一样的，如果我们能够提供好的教育，欧洲的孩子可以做到的，中国的孩子也一样可以做到。差的只是赋权，而不是孩子！

其实，中国文化中从来就不缺少关于"赋权"的论述。"授人以鱼，不如授人以渔"，增加捕鱼的能力，这就是最直白的赋权。

还有人说："这些赋权理论适合对成年了的大学生讲解，因为大学生懂得权利与责任的关系，而未成年人不懂。"首先，赋权型家庭教育，不是给孩子讲理论，而是父母日常生活中点点滴滴的实践，在这个实践的过程中帮助孩子增加能力；其次，哪里有到了年龄就自然拥有的能力？所有的能力都是在学习中增长的，而且和成年与否没有必然的关系。如果在成长中一直没有被赋权，孩子读大学后，也注定是没有能力的，那时再被赋权，可能一切都晚了。

婴幼儿也能够被赋权吗

赋权型家庭教育适合婴幼儿吗？婴幼儿也能被赋权吗？

答案是肯定的。

赋权的本意是增能。好的婴幼儿护理，当然也是应该给他们增能的。

婴幼儿、少年、青春期孩子，随着年龄的变化，对其赋权增能的方式可能略有不同，但这是一个线性变化的过程，不会在某一个年龄段发生断崖式的变化，而且，最重要的是，赋权增能的核心不变。

所以，我们可以说：赋权，从出生开始。

蒙台梭利指出："成人实际上是非常自私的，他们担心自己的安宁被破坏，担心自己的东西被破坏，担心自己被干扰，所以他们就束缚儿童，不让儿童干这个干那个，还美其名曰保护儿童，实际上他们都是为了自己的方便。"

在我看来，婴幼儿阶段，父母支持和鼓励孩子探索外部世界，就是对孩子最好的赋权。

一些父母将婴儿固定在摇篮里或者婴儿床中，那就像是一个小型监狱，剥夺了婴儿探索的机会；而婴儿是通过探索外界来发展自己的。父母为婴儿准备安全、无障碍的空间，让他们可以自由地翻滚、爬行，抬起头看远方，这本身就是赋权。

幼儿在发展动作的阶段会锻炼身体的协调性。当他们想抓东西的时候，想自己吃饭的时候，想自己倒水的时候，想自己搬动物品的时候，想自己穿衣服的时候，想自己扫地的时候……都要允许他们去尝试。这些活动都可以促进手腕和手指尖的协调发展，促进更精细动作的发展，这就是赋权增能。在这个过程中，锻炼了孩子的自理能力，强化了本体感，有助于孩子感觉统合能力的发展。孩子的身体得到了成长，得到了锻炼，他自己也会有成就感。

一些父母担心孩子会弄得到处都很脏，给自己惹很多麻烦，试图让孩子变得很乖，不吵不闹坐在那里。这种规训的做法会阻碍孩子的自然成长。小孩子有大量的活力需要释放出来，他们探索的过程确实会带来麻烦，但这恰恰是孩子正常的成长。

有人说，幼儿完全依赖于父母，他们需要哺育和被保护的环境，此时父母需要掌控孩子的全部生活细节，只有这样孩子才能够活下来。但事实是，即使在完全依赖父母的幼儿阶段，负责任的父母仍然应该，而且可以致力于让孩子潜在的"八大宝藏"尽快发展，而不是压制这些宝藏。

对孩子实行规训的父母，只是为了自己的方便，无法应对孩子成长的心理需求。而赋权型家庭教育，主张随时随地用八大魔法激活八大宝藏，引导孩子尽早获得成长所需要的技能。

赋权型家庭教育要把孩子的所有潜能激发出来。这一点，我将在八大魔法的"魔法4：积极探索"，即上编第7章中进行详细说明。

用"八大魔法",激活"八大宝藏"

赋权,需要父母学习和成长。而这本书,就是帮助父母学会赋权的。

我们知道,每个孩子都带着"八大宝藏"来到这个世界。规训将盗走或者毁灭"八大宝藏";而赋权,将挖掘、激活"八大宝藏"。

用什么来挖掘和激活"八大宝藏"呢?

首先,父母一定要放弃规训式的教养方式,做到这一点并不容易。但我一直相信,"为母则刚",真正爱孩子的父母是一定愿意学习、成长、改变的。

其次,我提出了给父母的"八大魔法"。父母用"八大魔法",挖掘、激活孩子的"八大宝藏",就实现了对孩子的赋权。

"八大魔法"是:

1. 深度陪伴(多陪伴孩子,积极倾听孩子的心声)

2. 成为榜样(父母以身作则,成为孩子的榜样)

3. 赞赏孩子(父母要经常赞美孩子)

4. 积极探索(鼓励孩子自由地探索世界,寻找解决问题的方法)

5. 爱好广泛(鼓励孩子有广泛的兴趣爱好)

6. 读万卷书(鼓励孩子大量阅读)

7. 行万里路(带孩子到户外去玩,到世界各地去旅行)

8. 远大理想(鼓励孩子树立远大的人生理想)

这八大魔法中，前三个主要是父母自己要先做到的，父母做到了，孩子就会受到影响；第四个"积极探索"，既包括父母自己要积极探索养育之道，也包括鼓励孩子积极探索世界，寻找成长的不同途径；后四个，则主要是父母要推动孩子实践的，当然从"成为榜样"的角度来看，父母自己也应该做到这些。

如何应用"八大魔法"激活、挖掘"八大宝藏"，就是我们后面章节中将逐步展开的内容。

我确信：每个父母都可以变成魔术师，变出一个身心健康、积极向上的孩子。

正如我确信：每个孩子到达幸福的人生，所需的不是考试成绩，而是一个会使用魔法、增能赋权的父母。

练习

结合本章"赋权：增加力量，行使权利"这一节的内容，反省一下：你与孩子的关系，通常处于赋权八个阶段的哪个阶段？

我们之所以敢于赋权，而且相信孩子可以被赋权，是因为我们知道每个孩子生来都自带"八大宝藏"。

赋权型家庭教育相信：每个孩子都与生俱来地具有积极向上的力量。我们只需要呵护好孩子这些积极向上的力量，不去破坏它们就可以了。这些积极的力量，就是我总结的"八大宝藏"。

这八大宝藏是：

1. 好奇心　　2. 求知欲　　3. 想象力　　4. 创造力
5. 进取心　　6. 抗挫力　　7. 专注力　　8. 生命力

这八大宝藏彼此相互联结、相互促进，一荣俱荣，一损俱损。

只要这些宝藏在，家长完全不用担心孩子的学习和人生。所谓增能赋权，就是要我们更好地帮助孩子挖掘、利用这八大宝藏。

03

与生俱来的"八大宝藏"

好奇心与求知欲

回想一下婴儿在成长的过程中，睁开眼睛看世界时的样子：他左顾右盼，似乎要将一切纳入眼底；他追随着声音东张西望，仿佛唯恐错失任何一点细节；他喜欢绚丽的色彩，看时会露出会心的微笑；他东爬爬，西爬爬，向这个世界昂起不屈的小脑袋；他蹒跚学步了，跌跌撞撞地想去看看更远的世界……等到他可以说话了，便会每天纠缠父母问"十万个为什么"；等他可以远行了，便碎碎念着："世界这么大，我想去看看"……

好奇心带来求知欲，这两个宝藏通常又是结合在一起的。

好奇心对一个人的一生是非常重要的。如果对事物好奇，我们就会去努力了解，努力经历，这个过程就是求知的过程。求知，本质上就是对外界事物的好奇心的满足。

研究显示，一个人的好奇心与其学业成就、对工作的满意度、社交能力、整体幸福感，都呈正相关的关系。我们只有好奇的时候才能学得更好，我们对世界好奇，对知识好奇，对自己好奇，这就是求知欲。

所以，好奇心与求知欲，在某种意义上就是一回事。

因为有好奇心，求知就是一种本能。人不需要被教育应该去学习，因为他有与生俱来的好奇心，去学习只是满足他自身需要的手段。

孩子天生具有好奇心和求知欲，这是他们与生俱来的"宝藏"。如果我们能够保护孩子的好奇心，那他们就会热爱学习，我们也不必焦虑了。

一个有好奇心的人，与一个没有好奇心的人，学习效果的差距会非常大。

有些人，他们一生都保持着对外界事物浓厚的好奇心，因此他们一生都处于学习中，不断求取新知，不断挑战自我。不理解他们的人会觉得他们很辛苦，理解他们的人就会知道，那只是他们享受生命的一种方式，在这个过程中他们的好奇心与求知欲都得到了满足。

遗憾的是，许多孩子的这两个宝藏，在成长的过程中被父母、成人"盗走"或者"毁灭"了。

当婴儿四处爬着探索周围世界的时候，父母却将他们圈在摇篮里，他们的宝藏被"盗走"了。

当幼儿拿着一本绘本让父母反复讲解，父母太累了不愿意讲的时候，他们的宝藏被"盗走"了。

当孩子问父母一个又一个问题，父母厌烦地敷衍他们的时候，他们的宝藏被"盗走"了。

当孩子沉浸在自己的兴趣爱好中，父母觉得这与学习无关，让他们回到课本上的时候，他们的宝藏被"盗走"了。

当孩子和朋友们谈天说地，了解人类社会的多样性，父母觉得某个朋友学习不好，阻止孩子和他交往的时候，他们的宝藏被"盗走"了。

当孩子想学自己喜欢的专业，父母却认定那个专业没有"钱途"，强迫孩子选择别的专业的时候，他们的宝藏被"盗走"了。

……………

好奇心培养了探索精神，激发了求知欲，但在父母的错误养育下，这些宝藏都被"盗走"了，孩子的心灵受到了创伤。

父母一面打压着孩子的好奇心和求知欲，一面又嫌弃他们"不好学"，却看不到正是自己的"教科书上所讲的才是有用的知识"这种价值观，毁灭了孩子的求知欲。

好奇心与求知欲是生命的本能，对某一方面的好奇心与求知欲的呵护与鼓励，一定会使生命个体同时也对其他方面持有好奇心与求知欲。

无论一个孩子的好奇心与求知欲此刻立足于哪里，都会使他更加热爱这个世界，热爱自己的生命；而对生命和世界充满热爱的个体，一定会焕发积极向上的力量。

好奇心、求知欲被打压之后，一个人的进取心、生命力，最终也将被一起打压。

赋权型家庭教育中的父母，要回避所有可能打压孩子好奇心、求知欲的行为模式；要多观察、多思考，尽可能地采取呵护、激活、激发孩子更强大的好奇心、求知欲的行为。

这个过程，就是赋权的过程。这里要提示的是，不能矫枉过正。

有的父母会说："孩子不是好奇、求知吗？那我让他们多多地识字、背单词，没错呀，这契合了他们的好奇心和求知欲呀。"

准确地说，提供给孩子的信息，应该与孩子当时年龄的接受能力、认知水平一致。适量的信息能更好地激发兴趣，如果对信息的渴求得不到满足，就会对周围的世界迷惑不解，太多的信息则会让孩子疲于应付，失去探索的热情。不能用小学生应该学习的信息，压迫一个幼儿园孩子的大脑；也不能用中学生应该学习的信息，来淹没一个小学生的精神世界。

父母如果真想保护孩子的好奇心和求知欲，就应该鼓励他们自己探索、自己提问，而不是把自己认为他们应该知道的"信息"强加给他们，那就会破坏他们的求知欲。孩子大脑的发育，应该是自然而然完成的，是在他们自己探索的过程中实现的，而不应该来自外界的"揠苗助长"。

想象力与创造力

孩子与生俱来的另一个宝藏,便是想象力;而想象力这个宝藏,同时会带出另一个宝藏:创造力。

几乎所有的孩子都喜欢玩沙子。仔细观察孩子玩沙子的过程,我们就知道他们的想象力有多么强大了。

事实上,所有孩子所有热爱的游戏都是和想象力连接在一起的。即使一张纸、一片树叶、一只蚂蚁……也能够让孩子陶醉其中,忘记周围世界。大人常常会觉得孩子的游戏无聊,那是因为我们没有看到他们由这现实中的平淡无奇的事物,建构出的想象世界有多绚丽多彩。

一个在雪地上小便的男童,可能想象自己正在构筑一个伟大的建筑物,甚至创造一座新的城市;而如果在树根下小便,可能想象自己正在以洪水将绿头怪兽蚂蚁们冲得落荒而逃。儿童在路边捡起一根棍子,挥舞着它,把自己想象成伟大的勇士,而父母却急急地抢走棍子,担心碰伤孩子或别人,或者嫌那棍子太脏,有细菌,等等。我们以为在呵护孩子的健康,却不知道,这正剥夺着他与生俱来的想象力,剥夺了他的快乐。

孩子捡起的那一根树枝,在成人的眼中就是一根树枝,在孩子的头脑中却是一部即将开演的大剧。他们可能把树枝想象成长剑,把自己想象成挥舞长剑驰骋疆场的大将军;他们可能把树枝想象成魔法棒，自己变成了可以调动"天兵天将"的魔法师；他们可能把树枝想象成孙悟空的金箍棒，一整天都可以在脑海中上演降妖伏魔的剧本……

一个拥有想象力宝藏的孩子，是快乐自由的。

和想象力这个宝藏直接相关的，就是创造力宝藏。

还是以那堆成人眼中的沙子为例。在孩子的眼中，那就是一堆闪着金光的建造新世界的元素。玩沙子时孩子们口中念念有词，沉浸在想象和创造的世界中。不要责怪他们建起的"城堡"歪歪扭扭，不要说他们挖掘的"大河"不够曲折，不要嘲笑他们堆起的那座"山峰"过于矮小，他们正在进行创造力的最初训练。如果没有父母打扰或将他们强拉回家，孩子可以在沙滩上建构出整个宇宙！

具有想象力的人，才能够发展出超越现实的创造力。某种意义上，想象本身就是创造。对任何一个领域的成功者而言，想象力和创造力都是必备的条件。所以，如果孩子能够一直拥有自由奔放的想象力，他们的创造力也是不可低估的。但是，父母在养育过程中很可能"盗走"了孩子的想象力宝藏，扼杀了他们的创造力宝藏。

当父母将孩子从游戏中拉走，让他们去准备考试的时候，他们的想象力宝藏被"盗走"了。

当父母让孩子扔掉手中的树枝、不要跑到水坑里乱踩、不要把橘子当武器扔得满屋都是的时候，他们的想象力宝藏被"盗走"了。

当父母训斥孩子"不要胡思乱想""要务实"的时候，他们的想象力宝藏被"盗走"了。

当父母从孩子手中抢走他们喜欢的漫画书或其他书，声称"读闲书影响学习"的时候，他们的想象力宝藏被"盗走"了。

……………

每个父母都期望自己的孩子成为社会的优秀人才，同时又在剥夺孩子成为优秀人才必备的潜质：丰富的想象力，以及强大的创造力。

父母应该做的是：滋润孩子的想象力，让它像花朵一样尽情绽放，尽可能地延续想象力，不要让它随着年龄的增长消失得那么快；滋养孩子的创造力，让它像夜空燃放的烟火，冲天而起！

进取心、抗挫力、专注力

我们再谈谈孩子与生俱来的另外三个宝藏:进取心、抗挫力、专注力。这三个宝藏,各不相同,但也彼此照耀着,相得益彰。

进取心、抗挫力

当我们看到婴幼儿在好奇心和求知欲的指引下探索世界的时候,我们就能够清楚地看到他们的进取心和抗挫力。

婴幼儿的探索欲望并不会总能得到满足,但他们从来不会放弃,这就是进取心宝藏和抗挫力宝藏在呈现魅力。

观察一个孩子搭积木便可以看出来。一次次尝试,倒掉了,他们会再搭,绝不放弃。而如果有成人帮他们搭好,有的孩子并不满意,还会尝试着自己再搭。如果成人总是一次次帮助,剥夺了他们自己去努力的机会,他们就会愤怒地用哭声抗议。因为自己搭成,能让他们体会到成就感。

大一些的孩子,父母和他们玩棋类游戏的时候,如果总让着他们,他们并不会一直快乐。当他们经历从输到赢的过程,他们才会真正快乐。经过自己努力获得了成功,才令人兴奋。

这些可不是父母讲给他们的,也不是成人"教育"出来的。这些是他们的生物本能,是他们与生俱来的宝藏在发挥作用。

孩子经过进取心和抗挫力的引导,成就一件事情的过程,是他们感受以及认识自我的过程，也是获得自信的过程。如果这个过程在父母的"关爱"中缺失了，没有机会体验成就感，他们就会变得沮丧，久而久之便会影响自我意识的形成。甚至，他们独立人格的形成也会受阻，更不会自信了。

如果不让孩子承担自己应该承担的责任，即使未来学习成绩好，其一生也不容乐观。被照顾惯了的孩子，会认为别人顺从、伺候他们是理所当然的。如果别人不这样做，他们就会感到难过，以伤害性、破坏性的行为来进行报复。我们的生活中也从来不缺少这样的成年人：学历很高，但是，在家庭中不能承担为人子女、为人夫妻、为人父母的责任，在社会上不能承担一个称职的社会公民的责任。

所以，父母要想保护孩子的进取心和抗挫力这两个宝藏，就不要替孩子料理一切，不要包办一切，因为那等于剥夺了他们自己尝试、体验、成功的机会，"盗走"了他们的宝藏。父母要给孩子尝试，甚至失败的机会。

我听过一种说法：孩子将来有很长一段时间去适应严酷的世界，为什么不让他们愉快轻松地度过童年，一定要经历那些失败呢？如果这里的"失败"指的是孩子自己想体验、尝试的事物，那父母完全不必担心这会给孩子造成"创伤"，因为这正好能够满足他们的进取心和抗挫力。事实是，许多父母在代办孩子本来可以自己做的事情的时候，会将他们那个年龄无法承受的一些事情强加给他们。比如，在小学就要背下几千个英文单词。我见过一个非常残酷的例子，父母逼迫一个三岁的孩子每天背 20 个英文单词，结果导致三岁的孩子出现了严重的精神问题，拔自己的头发，用头撞墙……

即使没有这么极端的后果，被父母包办一切的孩子，成年后也通常自理能力不足，依赖性强，缺乏进取心，难以应对挫折。这时父母又会对他们失望，但他们这个样子是从婴幼儿时期开始被父母建构出来的。

进取心和抗挫力发挥作用的时候，是孩子希望自己做得好、取得成功的时候。这背后隐藏着孩子希望被尊重的愿望。如果在他们进取中经历困难时被嘲讽了，他们的进取心就会受到打击，抗挫力也会遇到挑战。

我认为，最能够挑战孩子抗挫力的，不是他正从事的事情失败了，而是来自对他最重要的人的冷嘲热讽。这个最重要的人，就是父母。也就是说，父母是最有力量"盗走"和毁灭孩子所有宝藏的"江洋大盗"。

进取心与抗挫力受到呵护，再与他们同样被呵护的好奇心、求知欲等结合，他们热爱学习便是一件自然而然、理所当然，绝不需要刻意"督促""管教"的事情。

专注力

同进取心、抗挫力关联的宝藏，是专注力。

许多父母抱怨："孩子缺乏专注力，复习功课、写作业时都不够专注。"

但是，我们是否注意到了：孩子小的时候，他们投入到一个喜欢的游戏时会表现出超乎寻常的专注力，父母拉都拉不走？像前面我们说的玩沙子，就是这样。孩子面对其他喜欢的游戏，也是一样的。

可见，孩子原本也拥有专注力这个与生俱来的宝藏。只有当父母让孩子做他们不喜欢的事情的时候，孩子才会缺少专注力。

所以，不是孩子没有专注力，是他们没有遇到自己乐于专注地投入的事情。凡是他们自己喜欢的事情，投入的程度便很深，身心状态也是愉悦和健康的。

一定有父母说："只是玩的时候专注，有什么用？"

专注力是一种能力、一种禀性，在某一时刻具有，也就可以在其他时刻具有。 或者说，它是一种人格力量。一个可以在游戏中专注的孩子，在学习、工作时也一样是可以专注的。前提是：学习和工作也一定是他喜欢的事情，是他的好奇心、求知欲自然导向的领域，而不是被父母强加的。

父母知道孩子具有专注力宝藏，要做的便是保护这个宝藏，不去"盗走"它，也不去"毁灭"它。因为，"宝藏"被毁灭了之后，再想"培养"就困难了。孩子从小形成的信念、品格，改变起来会很困难。

保护孩子的专注力宝藏，包括帮助他们发现喜欢做的事情，鼓励他们投入这件事情，不在他们专注于某件事的时候去打扰。

生命力

生命力，通常指生命活动的能力、生存发展的能力。这种能力的背后，一定是对生命的热爱，对幸福生活的向往。这种渴望追求和拥有幸福、美好的人生的力量，会提升生命活动的能力，提升生存发展的能力。

这种对美好生活和人生的热爱，就是孩子与生俱来的另一个宝藏。

所有生命都有求生存的本能，也都具有趋利避害的本能，人类更不例外。前述的七大宝藏，都体现着对生命的热爱，对这个世界的热爱。这些宝藏体现着生命的活力，生命力也成为所有这些宝藏的基础：因为有了生命，因为热爱生命，前述的七大宝藏才成为可能。

现在，我们经常看到未成年人自杀的案例，那就是因为孩子们失去了生命力这个宝藏。

而生命力这个宝藏之所以会失去，与前面的七大宝藏被"盗走"有很大的关系。因为前面的七大宝藏，都是热爱生命的体现；有了这七大宝藏，自然会热爱生命。

"盗走"孩子生命力这个宝藏的，竟然是最应该爱孩子的父母，甚至是最怕孩子失去生命的父母，这不是很奇怪吗？

当我们看到孩子自杀的新闻报道时，应该知道，这些孩子原本也是与生俱来地热爱生命的。但是，外部世界，通常是父母，让他们感觉死亡远比活着更舒适。原生家庭是对孩子影响最大的力量，如果他们无法从父母那里得到爱的温暖，却要经历伤害，所有与生俱来的宝藏都被"盗走"、毁灭，那他们对生命的热爱也就没有了。

父母不需要教给孩子如何热爱生命。父母要做的，只是不破坏孩子原本的生命力就可以了。

什么破坏了生命力这个宝藏呢？规训！

控制、暴力、惩罚、讥讽、抛弃，还有对更高的考试成绩的执着，所有这些都会让孩子感到孤独、无望，破坏孩子对生命的热爱，将他们推向死亡。

每个人都想作出对自身利益最大化的选择，如果他们明显做了一个外人看来不是利益最大化的选择，那要么是他们没有能力做，要么是他们迫不得已。放弃生命，就是一种迫不得已的选择。

我们已经看到了孩子生而具有的八大宝藏，那么就需要呵护、挖掘、激活这些宝藏了！

孩子自带了八大宝藏来到这个世界，首先面对的，是他们的父母。

不及格的父母，毁坏了这八大宝藏；刚好及格的父母，呵护住了这八大宝藏；优秀的父母，使这八大宝藏成倍地增长，光芒四射，因为，他们手中有"八大魔法"。

我将在后面的章节中，介绍"八大魔法"。借助这"八大魔法"，每个父母都可以挖掘出孩子的八大宝藏，并且激活它们。

当父母使用这"八大魔法"的时候,孩子就会变得很优秀。

练习1

反思一下,你是否曾"盗走"孩子的八大宝藏,是如何盗走的?

练习2

反省一下,你自己还保有了八大宝藏中的哪几个?保有的程度如何?

我在本书中使用的"深度陪伴"这个词，有两层含义：第一，物理上的陪伴，充足的时间，投入热情；第二，心灵上的陪伴，积极倾听孩子的心声，与孩子共情。

陪伴看似简单，却是具有影响力的魔法，足以让亲子关系变得非常和谐、亲密，让父母了解孩子、走进孩子的内心，从而激活他们的八大宝藏。但这一定是深度陪伴。

特别是心灵的陪伴，包括积极倾听、理解、共情、支持等。积极倾听是一种沟通技巧，目的是清楚地向孩子表明父母与他共情，不只是默默地听，需要适时提出开放式问题，鼓励孩子表达得更清晰，同时也让孩子明白父母对他的理解、支持。

04

魔法1:深度陪伴

陪伴，带给孩子联结和安全感

我儿子出生后，妻子辞了工作全身心陪了他三年，我的工作也是居家的时间多，所以一家三口很少分开。儿子也一直和我很亲近。

儿子两岁的时候，我以32岁的"高龄"准备考研。为了更专心备考，我住在北京郊区的一套房子里，而儿子和他妈妈住在城里，每个周末我便进城和他们一起住两天。那是我和儿子真正地"分开"。

有一个周末，我去城里看他们的时候，儿子表现出对我很反感的样子，多次走到我面前，一脸嫌弃地对我说："我讨厌你。""我不想见到你。"这让我非常吃惊，也很伤心，不明白发生了什么。妻子也不可能对他说我的坏话呀，为什么几天不见，他就视我为仇人似的呢？

那次离开后，我难受了一个星期。我也告诉了妻子我的这种心情。妻子做了儿子的"工作"。下周再见的时候，他恢复了常态，一个劲儿地大叫："爸爸，我爱你！爸爸，我想你！"但是，他在前一个周末的反常表现，一直是一个谜，存在于我心里。

多年后，我学习了家庭教育，才恍然明白当时发生了什么。

所有的关系中都存在着联结—断裂—重新联结的情况。孩子与父母最初是联结在一起的，特别是和妈妈。婴儿在子宫中的时候，与妈妈是一体的，出生使其和妈妈分开，这其实就是第一次断裂。

当孩子感到联结断裂的时候，必然会经历糟糕的感受：恐惧失败、被抛弃、出现孤独感、自我封闭，甚至针对外界的仇恨、愤怒，等等。即使表面上只是物理陪伴的缺失，也会使其产生心理层面的断裂感。

在联结断裂的时候，孩子有时会特意表现出不需要父母。这种看似不要父母，实际上是在渴望着联结。孩子心里想：爸爸在乎工作不在乎我，而且想念他很痛苦，所以我要装酷让他来找我。

这就是当年我的儿子说"我讨厌你""我不想见到你"的真正原因，因为忽然不住在一起，他感觉到了与我的联结断裂，渴望重新建立这种联结。同时也因为我们向他解释了"爸爸需要一个人专心复习功课"，他知道难以恢复过去的联结方式，所以便有了那样特别的表现。幸好，我对妻子说出了我的困惑与伤感，妻子对儿子做的"工作"某种意义上在帮助他和我恢复联结。下次见面的时候，我们的联结得以恢复。

如果在这类情境中，爸爸想：算了，他不想跟我玩就算了，他想跟我玩时会来找我的。那样，很可能父子之间就失去了恢复联结的机会，父子间的距离会越来越远。

联结断裂时，父母要做的，是帮助孩子摆脱孤独感，重新建立联结。有时做起来比较简单，像婴儿在床上醒来看不到妈妈，号啕大哭，母亲抱起他，轻轻拍着他，与他深情地对视；孩子离家一天，放学回家的时候，父母给他一个温暖的拥抱；等等。但是，有的时候重新建立联结会比较困难。

与父母的联结，对儿童来讲就意味着安全感，而安全感，对儿童是至关重要的。有研究显示，父母陪伴孩子的时间越长，就越能够增强他们的自信和自尊。

儿童心理学中有一个依附理论，这其实是一个关于安全感的理论，孩子需要不断体会到安全感。没有获得安全依附感的孩子就会焦虑、黏人、退缩，或者自我封闭，他们不具备真正的冒险心理。

孩子的不良行为，都是归属感缺失带来的。此类行为通常要么是为了寻求关注、报复或权力（当我说了算的时候，我才有归属感），要么是自暴自弃。深度陪伴让孩子有归属感、安全感，从而放弃不当行为。

一些父母有一个错误的看法：婴儿还小，什么都不懂，我们可以不理睬他，忽视他的欲求。这是非常严重的错误。被忽视，会阻碍安全感和依附关系的建立，即使在摇篮里，这样悲惨的记忆也会影响他一生。

父母与孩子建立联结的方式，帮助孩子获得安全感的方式，都离不开深度陪伴。

"父亲参与"的重要性

有一个小故事，1952年的时候，有科学家在日本一个叫"幸岛"的小岛上做了一个实验，他们把一些红薯扔在海滩上，当地的猕猴很喜欢吃红薯，但是不喜欢沾在上面的沙子，吃之前会用手掌把红薯上的泥沙擦干净。到 1953 年 9 月的一天，一只小母猴发现可以用海水把红薯洗干净，它把这个信息传给了母亲，母亲又把这个知识传给了小猴的哥哥姐姐，孩子们又传给了它们的玩伴，下一步学会的就是其他的妈妈们，因为它们一直在关注自己的孩子。再传下去的就是妈妈们的幼崽。很快，幸岛上所有的猴子都会用海水洗红薯了，除了三只公猴。因为，只有它们一直没有关注自己的孩子和老婆在做什么。

所以我要强调：这里的八大魔法，可不只是妈妈才需要有的魔法，爸爸也一样要有。爸爸使用魔法的效果，和妈妈一样。

特别是在孩子幼年时期，父母应该尽量不把孩子交给别人抚养，包括祖父母，否则会破坏父母和孩子的联结。这就需要父亲高度参与到育儿工作中。

在中国传统文化中，强调"养家型父亲"，即理想的父亲形象应该是能够赚钱的、事业成功的，"养"全家的。现在可是 21 世纪了，国际社会早就开始倡导"全参与型父亲"了，即父亲要参与到传统上由女性从事的全部养育工作中。父亲要更多投入时间和精力在孩子的养育上。这可不是为了显示什么"阳刚之气"，而是尽情地像妈妈一样显示父亲们温柔、细腻的一面。

妈妈怀孕的时候，爸爸便应该照顾妈妈；妈妈进产房，爸爸也应该进去陪产。有研究显示，陪产的爸爸，在孩子成年之后亲子关系都非常好。

有研究显示，父母之爱不一样，母爱是无条件的，从怀孕就开始了。而父亲对孩子的爱，是从孩子的第一次社会性微笑开始我们主张父亲进产房，一个重要原因是使得男性更早地跟孩子进行联结，将父爱提前。

孩子出生之后，父亲也要全程参与养育。喂奶、换尿布、照料起居、陪伴玩耍、讲故事、上学接送、过问功课、开家长会……如果您再想"这些是妈妈的活儿"，那可就太落后于时代了。

> 故事

父母陪孩子玩的三种境界

我儿子读幼儿园的时候，经常是我下午去幼儿园接儿子，儿子从教室出来后，总要先在院子里玩一会儿再回家。

环视一下，90%以上都是女性家属来接孩子，男性屈指可数，而且多是爷爷辈分的人。

慢慢地，我便从观察中总结出家长同孩子一起玩的三种境界。第一种境界，是最低的一种，也是最常见的一种，是"看孩子玩"，这个"看"字可读一声，也可读成四声。"看孩子玩"，即孩子自己玩，家长在一旁看管着孩子，免得他们摔倒碰伤，还有家长站在旁边聊天。

第二种境界，便是"陪孩子玩"或"逗孩子玩"，孩子是玩的主体，家长为了满足孩子的欲求，而陪孩子一起玩。

第三种境界，也是最高的一种境界，便是"和孩子玩"，即家长也对孩子做的游戏感兴趣，他自己也喜欢玩，同样以孩子般的心态参与到游戏中来,他也是游戏的主体,在游戏中和孩子的关系是平等的,和孩子一样对游戏投入情感。至少每天下午在儿子的幼儿园里,我是唯一的一个真正和孩子一起玩的家长。和孩子玩,不仅家长受益,孩子的心灵成长同样受益。

有一组半米高点儿的石头砌成的小门,让孩子们钻来钻去。我便同儿子一起钻。那门对我而言太矮也太窄,我几次险些被卡在里面,只得手脚并用才能通过。这引得一些"看"孩子玩的家长的哄笑。我内心却挺骄傲的。

有一组铁栏杆圈出的迷宫,儿子每天都要在里面跑几圈。我则安排他从一个进口入,然后我站到另一个出口,让他选择最近的路线转到那里,而且中途不能误入死胡同。同时我自己也居高临下地找着最佳路线,有时竟然不如儿子身处迷宫之中找得准确。儿子成功地做了几次,我便夸他是天才。再以后他便开始逗我了,存心往死胡同里面钻,然后站在那里看着我哈哈大笑。我说:"你仍然是天才,因为你可以成功地走弯路。"

也许因为我是唯一和孩子玩的大人,便也吸引了别人家的孩子的注意和好感。一天,一个小男孩攀上一个架子,然后大声叫我,炫耀地喊着:"你看,我上来了!"

我立即夸他:"真棒,你真能耐!"

那男孩子眼睛立即亮亮的,又攀爬到架子的另一边,又大声叫我,我再夸他。

他更高兴了,便让我看他从高处下来。

这时,我的儿子跑向另一个游戏器材去了,我便追过去,而这边的男孩子却不高兴了，大叫："你快来呀，快来看我呀。你不来我可就跳下去了！"

他这么一威胁，可把我吓坏了，忙跑向他，又惦着儿子，一时分身乏术，心惊肉跳。这孩子的父母在哪里？谁也不知道。

以上还仅是接儿子从幼儿园回家时，我的一段陪伴记忆。深度陪伴，不是坐在孩子旁边玩手机，而是和孩子保持互动，参与到孩子的游戏中。

我当年在大学当老师，工作不需要坐班，又有寒暑假，所以陪伴儿子的时间可能要比许多父亲多很多。在这个过程中，我觉得自己是最大的受益者，和儿子相处时留下许多快乐、幸福的记忆。重要的是，我们的父子关系，直到儿子成年之后，还非常好，非常亲密。

我妻子常说："这是你付出的回报。"

好的亲子关系，是陪伴建立起来的

陪伴对孩子非常重要，在深度陪伴的过程中，孩子会产生归属感、安全感。好的亲子关系的建立靠深度陪伴就可以，而良好的亲子关系是最好的家庭养育，也最能给予孩子力量。

积极倾听、共情、支持，是构成深度陪伴的三要素。

事实上，妈妈对孩子的陪伴，当孩子还是胎儿的时候就开始了。这种陪伴是物理上结合为一体的，但一些父母对胎儿却缺少深度陪伴。

对胎儿来说，深度陪伴是可以实现的。父母在怀孕时的心态会直接影响到孩子的健康成长，怎么看待胎儿，对胎儿有信心还是感到忧虑，都会影响到未来的亲子关系。妈妈是将胎儿视为一个生命，还是将胎儿视为一个"物件"，一个需要经过"出生"来解决的"问题"，这都会给胎儿完全不同的影响。如果将胎儿视为"物件"和"问题"，便无法产生心理上的联结；而当妈妈视胎儿为一个人，感受着他的每一下动作，体味着他在自己体内成长的过程，这就是深度陪伴了。

怀孕到第15周以后，胎儿开始能听到声音。这时候，孕妇可以对宝宝说话，让宝宝感受到妈妈对他的关注和爱。

父亲也不例外。当父亲俯在母亲的腹部前，倾听胎儿心跳声的时候，情感的联结就已经建立了。

孩子出生的过程，强行将他与母亲分割开。这是一次物理上的断裂，但可以靠持续的陪伴来弥补创伤。

我们在前文倡导父亲应该进产房陪伴妻子，父亲进产房有助于同孩子更早地建立联结，让父亲找到"我是爸爸"的感觉。当新生儿被父亲抱在怀里的时候，他也感受着情感联结的建立。

有研究显示，进产房陪产的父亲，更不可能对孩子使用暴力，更不可能性侵孩子，亲子关系更密切、和谐。

孩子出生之后，父母共同照顾新生儿，父母应该和新生儿有肌肤接触。有研究显示，相较于被放到婴儿床内的婴儿，与母亲保持肌肤接触的婴儿哭得更少。

随着孩子一点点长大，同孩子一起吃饭，睡前给孩子读书，周末带孩子一起去游玩，和孩子一起做家庭游戏，和孩子一起去旅行，一起做家务，诸如此类都是陪伴。每天早晨抚摸他们，就可以开启美好的一天；每天晚上拥抱他们，就拥有了幸福亲密的时刻。

许多小学生都希望父母陪伴写作业。这是好事，可以培养孩子良好的完成作业的习惯。但是，父母只是坐在旁边陪伴就可以了，而不必把孩子的作业变成自己的事情。

孩子都非常渴望大人特别是父母的陪伴。陪伴满足他们的情感需求，使他们与父母的联结更紧密，孩子在父母陪伴的过程中学习人类社会的规则。

父母的陪伴是建立深厚亲子关系最好的渠道，也是父母可以发挥影响力的重要时机。孩子对陪伴他们的大人更有亲近感，他们也会更多地受到有亲近感的人的影响。这种影响不是说教，在和孩子亲密交往的过程中，通常是父母自身的价值观、行为方式润物细无声地影响着孩子。

父母陪伴孩子，受益者不仅是孩子，更是父母。这种陪伴让父母体验到生命中一种特别的幸福，滋养着父母和孩子的心灵，也滋养着父母和孩子的感情，让彼此都受益一生。父母应该及时抓住这种幸福，因为它稍纵即逝。

深度陪伴，是对孩子的最佳投资

陪伴促进孩子身心健康。心理健康最重要的标准之一，是亲子关系的亲密程度。

做父母是一项需要投入时间的工作，早点积极投入时间就不需要后来被迫投入，在孩子出现问题之前投入远比出现问题之后被迫投入要好许多。深度陪伴，孩子的许多潜在问题都不会出现。陪伴是父母对亲子关系的投资，是对孩子的投资。

理想的状态是，父母在婴儿出生之后有几年的时间陪伴在他们身边，但是这在现代社会几乎越来越不可能。

深度陪伴肯定占用父母的时间、情感和精力，它还可能是重体力活儿，但是把它当作快乐的人生体验，看作自己的成长过程就好了。不只父母在影响孩子，孩子也在影响父母。父母在和孩子的互动中体验到情感的交流、快乐和成长，这种陪伴就会变得很愉快，轻松而有价值。

和陪伴对应的，是遗弃。我们都知道遗弃孩子是不对的，甚至是违法的。但是，深度陪伴和彻底遗弃处于光谱的两端，这中间，是一个渐变的过程。

陪伴孩子的时候，如果你只是物理陪伴，心思完全不在孩子身上，你就已经离开了"深度陪伴"；当孩子找你陪伴的时候，你说"等一会儿"，你就又离开得更远了一些；而如果你说"没有时间，你自己玩"，甚至"忙着呢，别烦我"的时候，你就靠近"彻底遗弃"的那一端了。

孩子对你提出关注或者回应的要求，父母应该马上回应，不能置之不理，或者漫不经心，因为这将接近"遗弃"。

许多父母花大价钱给孩子买来许多玩具，带着孩子去吃大餐、逛游乐城。这些都没有错，都可以做。但是，永远记住：日常生活中的陪伴更重要，投入情感、倾听的深度陪伴更重要。

以玩具为例，太多的玩具反而使孩子面临选择困难，孩子需要的只是非常简单的玩具，甚至一张白纸，就可以让他们玩上半天。重点是，与玩具比起来，孩子更看重你是否全身心投入地和他一起玩。

我儿子五岁的时候，有人送了他一台遥控电动车。孩子很高兴，拉着我一起玩。但无论我怎么教他，引导他，他都喜欢让我驾驶玩具车，他只是看，就非常开心。

我儿子七岁的时候，我和他一起玩拍排球，儿子也喜欢看着我拍。甚至在我玩电脑游戏时，他也非常开心地在一旁看着。因为，当我投入地和他一起玩的时候，他获得了自己最想要的——深度陪伴。

青春期的陪伴方式，听从孩子的意见

进入青春期之后，孩子仍然需要父母的陪伴。但是，"陪伴"的方式可能会发生变化。

在儿童少年期，父母陪伴孩子的时候，孩子更需要亲密的身体接触，渴望亲密无间的感觉。进入青春期，孩子有渴望独立的感觉，希望有自己的私人空间。但是，这不意味着他们不需要父母"在场"。父母要做的，是摸索不同于儿童少年期的在场方式。

回想孩子小时候，你们相处就是偎依在一起聊天，开玩笑，讲故事。孩子用崇拜的眼光看着你。无论你做什么，甚至什么都不做，孩子都是开心的。

父母同青春期孩子相处，可没这么简单了。

青春期开始之后，孩子对父母的陪伴需求似乎越来越低，他们希望独处，父母就应该学会在物理陪伴上适时退出了。这时，父母通常会产生"割裂"的感觉，但这对孩子的成长是必需的。其实，父母只是换了一种陪伴的方式，不再那么多地和孩子在一起了，而是在他们的不远处，随时等着他们需要的时候召唤，更重要的是，学会积极倾听。

对于青春期孩子的健康成长，没有什么比父母愿意积极地倾听他们的心声更重要的了，这就是深度陪伴。

深度陪伴表现在：理解孩子的烦恼、情绪；同孩子共享时光，找到孩子喜欢做的事情，做什么都要征询孩子的意见，看他喜欢

做什么；比如，一起去探险，一起看电影、听音乐会、看戏剧，等等。这样的时光，都是孩子更乐于与你讨论人生话题的时光。

　　深度陪伴，应该以孩子为主体。毕竟是父母陪伴孩子，当然要以未成年的孩子为中心。

积极倾听、共情、支持

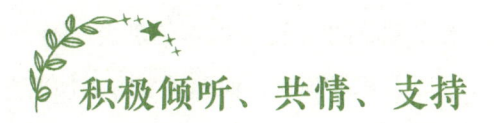

我们一再提到,深度陪伴,包括父母对孩子采取积极倾听、共情、支持的态度。

积极倾听,是一种能够提升与人沟通质量的倾听技术,强调平等、尊重、接纳地倾听对方的声音,鼓励对方表达,"不评判""不批评",努力让自己从交流中看到对方的优势和潜能。我们可以清楚地看到,积极倾听需要父母在亲子关系中放弃规训的姿态,采取赋权的原则。

积极倾听还主张倾听者准确地捕捉对方想要传达的信息,如对肢体语言的观察。积极倾听主张,倾听者通过适当的语言表达让对方知道我们在用心倾听,比如,重述或复述对方的话。

积极倾听无疑有助于促进父母和孩子之间温暖的关系。被倾听和理解能给人带来极大的满足,当孩子被听到的时候,他们更愿意与父母交流,更愿意听到父母的想法。此外,当一个人充满同情,准确地倾听另一个人时,他也会更理解那个人。

积极倾听还是一种赋权的方法。积极倾听中,孩子会乐于说出困扰他,或他正在思考的问题,而当他把问题说出来的时候,会比仅仅在心中思考时想得透彻,并能找到更好的解决方案。我们可能都有这种体会,当我们和别人说出一种烦恼时,我们自己也找到了解决烦恼的途径。

当父母用积极倾听回应孩子的问题时,孩子自己开始思考,而简单的指示、建议则剥夺了孩子思考的机会,剥夺了他们解决问题的责任感。所以,积极倾听,使孩子变得更加独立。

共情,也称为同理心。父母在陪伴孩子的时候,应该设身处地地理解孩子。孩子被理解了,就会愉快和满足,从而也愿意更好地自我表达。

支持,是父母基于积极倾听、共情而对孩子的言行采取的一种态度,包括支撑、赞同、鼓励等。

积极倾听、共情、支持,体现了父母对孩子的尊重,给孩子话语权,对孩子的想法的理解和包容。这些,也是家庭教育中进行赋权的起点和要点。

一些父母抱怨孩子听不进他们的话,那可能是因为父母说话的时候忽视了孩子的内心感受。积极倾听是相互的,当父母积极倾听孩子的时候,孩子也会积极倾听父母,父母通过积极倾听给了孩子一个榜样,理解孩子,孩子也就会理解父母,听到父母的声音。被认可和接纳的时候最容易听见别人的建议。

听懂孩子的情绪

深度陪伴,要学会关注孩子的情绪,学会倾听和了解孩子的感受。

婴幼儿没有能力说出自己的感受,甚至许多青春期的孩子、成年人如果没有经过"说出感受"的训练,也无法准确地说出感受。这就需要陪伴孩子的成人学会通过婴幼儿的哭声等反应来

"听懂"孩子的情绪,进而作出积极回应。

幼儿的哭喊、手势,都是他们在渴望互动和交流的信号。婴儿用哭声告诉父母,他需要换尿布、喝奶或陪伴。婴幼儿通常通过哭声来表达情绪,对他们来说,得到回应是一种需要,如果父母无视孩子的需求,就培养不出安全的依附关系。所以,父母听到、听懂孩子哭声背后的需求,非常重要。

遇到孩子哭闹,有的家长会说:"他累了,他困了。"其实这可能只是一部分原因。

如果孩子一哭,父母就把一个奶嘴塞到孩子的嘴里,这种做法不一定能堵住哭声,但一定会堵住了解孩子、与孩子相互交流的渠道。

有的孩子会有更激烈的反应,如尖叫、哭喊、拳打脚踢等。这些都是他在表达情绪。情绪没有好坏之分,父母要通过积极倾听帮助孩子减少对负面情绪的恐惧,而不是减少负面情绪。

积极倾听,可以帮助孩子弄清自己的情绪,说出自己的情绪。父母要做的是找出孩子行为背后的情绪来源,确认感受,和孩子一起找到解决的方法。孩子的情绪往往来自他不知道如何表达,父母要引导孩子清楚表达内心的感受。许多时候,当孩子说出内心感受的时候,并且得到适当的回应,这些情绪就会奇迹般地消失。所以,积极倾听可以化解孩子的负面情绪,甚至减少孩子的不适当行为。

积极倾听需要父母真诚地接受孩子的情绪,对孩子处理问题、解决问题的能力产生信任感,把孩子视作一个独立于父母之外的人。父母会发现，你认真倾听孩子，孩子也会倾听你。

共情、支持孩子的情绪

共情，就要接纳孩子的情绪，不回避，也不驳斥。

当孩子遇到痛苦的经历时，父母应该做的不是告诉他们"你不应该痛苦"。这样做，是否认他们的痛苦，他们会感觉自己被推开了。这是没有用的，只会使孩子更加怀疑自己。但是，幸好，还有深度陪伴这个魔法。

父母什么都不需要说，只需要陪伴，孩子的痛苦就会变得容易忍受。

父母离异之后，许多孩子会出现问题，这是因为他们缺少了父母的陪伴。父母不理解孩子当下的情绪体验，没有给到孩子完好的心理支持。本书的赋权实例"父母离异、再婚，如何让孩子不受伤"对此有讨论。

深度陪伴，可以让父母在孩子遇到情绪问题的时候"在场"，及时地给予响应、支持和帮助。父母缺席的孩子，得不到这样的支持，在他们的成长过程中，就无法培养起诸多重要的能力。

说到共情，我想到父母和孩子相处时的一个常见情景：孩子正玩得开心，父母让他快些停下来，去洗手吃饭或者上床睡觉，孩子抗拒，亲子冲突出现。习惯于"规训"的父母认为原因是孩子"太贪玩"，意识不到是因为没有对孩子进行共情。假设你正开心地沉浸在一件事中，听到指令就可以立即心甘情愿地放下吗？

如果父母想让孩子去吃饭，去做作业，去睡觉，或者做其他事情，一定不要突然间打断孩子正在投入地从事的事情，要求他立即转换情景。而要提前预报给他：我们应该去做另一件事了，你还可以再玩一会儿，过几分钟我们就去，好不好？你会发现，孩子通常都会很开心地同意。

我们收到被共情的信息时，才会听到别人的声音。

和孩子沟通的技巧

当父母想和孩子就某个问题进行沟通，发表自己不同看法的时候，我也建议要自然地谈心，不要太刻意了。

许多家庭教育的流派都倡导家庭会议的方式，还有人提出必须每周开会，有人负责记录，等等。我的一个担心是：过于正式的、正襟危坐的家庭会议，会让人变得紧张，从一开始就存有戒备，无形中让对抗性提高了。而在轻松的氛围中讨论，人们会放下防备，更容易听到对方的声音。所以，找到双方都乐于谈话的时间，这个时间应该是双方都放松、平静的时候。当然，每个家庭都有自己的特点，也许一些家庭适合这样的方式，但也要考虑到更多家庭可能还是自然地"开会"比较好。

在我儿子成长的过程中，我喜欢在全家一起吃饭的时候和他沟通，特别是在餐厅吃大餐的时候，这时比在家中进餐更放松、愉悦。儿子成年后，除了餐厅这个传统的沟通场所外，我也喜欢全家旅行的时候，在某个景点驻足休息、闲聊的时候，自然而然地说出我想说的话。这也是他最轻松、最愉悦的时候。

父母要切记：沟通的目的不是追求"成功"，那样的沟通一定不是平等的。沟通是为了彼此了解，寻找解决问题的共识。

沟通的时候，尽量不要在句子开头使用"你"，因为这会让对方感到被攻击。而应多使用"我"的语言，如"我对你刚才那样做很难过"。"我——信息"满足了三个重要原则：能调动主观意愿发生改变，把对孩子的负面评价最小化，不会伤害关系。沟通应该是分享，不是辩论，更不是争论。

沟通时，肢体语言也要小心、得体，说话时的姿态会泄露你的真实态度。

如果父母担心面对面的言语交流会出现偏差，也可以改为文字交流的形式，会更容易把握以上技巧。

良好的沟通需要让孩子提出想法，跟着孩子的感觉走，让孩子主宰这个过程。父母和孩子沟通的重要技巧之一，便是采取开放的态度，不带防御心理。即使孩子说出父母反对的观点，父母也要约束自己，不评判，不指责。

父母积极倾听，孩子才愿意与你沟通。

深度陪伴，即是赋权

有的父母会说："我们不是应该鼓励孩子独立吗？整天陪在他们身边，他们怎么独立呢？"

这就错误地理解了独立和陪伴。独立应该是能力的增长，陪伴正是为了促进孩子能力的增长。

独立不是让父母和孩子疏离，陪伴也不是规训、代办。陪伴是增能赋权。

有的父母担心陪伴太多，孩子离不开父母。这种担心是多余的。在深度陪伴中，孩子不断被增能赋权，会很自然地与父母分离。而刻意的疏离，是一种规训。本意是为了孩子的成长，但会破坏孩子自然成长的历程，干扰和延长分离的流程，破坏孩子安全的依附感，以及内心与父母的联结感。

分离是孩子在成长过程中自然完成的历程，赋权受阻，才会阻碍这一历程。在自然的分离之前，父母要做的只是投入陪伴；在自然分离出现的时候，孩子会知道，他在哪里可以找到你，随时可以找到你，他将安心地完成分离。

在独立或分离这件事情上，父母同样应该采取积极倾听的态度，理解、尊重孩子的成长步骤。

强行分床睡觉：荒唐的"成长"

在进行赋权型性教育的时候，我便提出：父母过早地与孩子强行分床睡觉，既没有必要，更是对孩子的伤害。

传统的性教育界有一种观点：分床晚，影响孩子的性心理健康。

父母和孩子同床睡觉，对孩子最大的负面影响应该是孩子的睡眠质量。成人又打呼噜又翻身的，半夜把孩子踢到床下、翻身压到孩子的情况都经常出现。如果说"影响性心理"指的是看到父母做爱，那就太奇怪了，为什么人家在床上睡觉，你们还要在床上做爱，就不能换个地方做？如果说"影响性心理"指的是可能看到父母的身体，从性教育的角度来看，我们还建议父母和幼儿共浴呢。所以，父母和孩子同床睡觉影响孩子性心理健康的说法，完全没有科学依据。

有人反驳了："分床，是为了让孩子更早独立。"

如果是这样的话，就属于我前面说的强行推动成长了。这类父母，通常在其他方面不去推动孩子独立，唯独在睡觉这件事上推动孩子独立。他们没有意识到，孩子内心感受到的，可能是被抛弃。在分床这件事上，我们也要深度陪伴，倾听孩子的心声。

所以，何时分床合适？父母和孩子，任何一方感到不舒服的时候。在赋权型家庭教育中，这个时候不会来得太晚，通常还是孩子那一方先感到不舒服了。这就是我们说的自然分离的过程。

如果是父母一方先感到不舒服，决定分床，那也应该把这变成一个逐步的过程，而不是一夜之间实现的事情。当我们决定和儿子分床的时候，事先给他布置了一个儿童房，壁纸是夜空中的星星，全新的床单、枕巾、被罩，全部是卡通图案的。那年儿子七岁，他很高兴地到自己的房间睡觉了。前几夜，我都陪他躺在床上，大手握着他的小手，直到他睡着再离开。他也可以在早晨醒来之后，回到我们的床上。当他生病的时候，我们自然要和他睡一张床了，以便随时观察他的体温。

分床，是孩子成长中一个自然的过程，孩子在被赋权的过程中逐步完成分离。如果强行分离，就可能变成孩子心中一次联结的断裂。其他事情，也是一样。

练习1

选择24小时或一个周末，玩角色互换的游戏。父母扮演孩子，孩子扮演父母，玩什么，怎么玩，一切由孩子决定。

父母和孩子双方体验角色互换的感受，这有助于双方更好地共情彼此。

练习2

找一个话题，试着用本章介绍的沟通技巧，尝试和孩子沟通。

父母是孩子的第一任老师，孩子从父母身上学习，父母也影响着孩子。

许多父母想影响孩子的行为，不如先调整自己的行为。因为你是孩子效仿的对象。你怎么做，孩子就怎么学。

如果你想挖掘和激活孩子的八大宝藏，就先看一下自己的八大宝藏是否处于激活状态。

也就是说，你是否仍然充满好奇心与求知欲？是否仍然保持着想象力与创造力？是否还有进取心、抗挫力和专注力？你对生命和这个世界是否充满激情？

在养育孩子的过程中，你以前可能做错了一些事，现在改变，一切都来得及。

05

魔法 2：成为榜样

哪种类型的父母会让孩子更有力量

围绕着父母的养育方式，存在着各种各样的主张与争议。介绍一种影响力比较大的父母分类方式，同我提出的赋权型父母、去权型（规训型）父母、弃权型父母进行对比。

美国心理学家戴安娜·鲍姆林德在20世纪六七十年代的研究中，按照父母对孩子的情感接受度、父母对孩子的要求和控制度这两个维度，将父母的类型分为四种：第一类为威信型父母，第二类为专制型父母，第三类为放纵型父母，第四类为忽视型父母。

威信型父母，教育出来的孩子，在心理、人格上都是比较健康的。他们较多地表现出独立、有责任心、勤奋、重视成就等特征；他们友善、助人、合群和自信；他们情绪稳定，具有良好的抗压能力。

专制型父母，对孩子严厉苛刻，孩子的自信心和独立性都受到严重影响。孩子往往懦弱或阳奉阴违，甚至有心理疾病，通常与学习成绩差和抑郁症有着相关性。专制型父母对孩子的情感响应程度低，苛刻要求程度高。这对应着我提出的去权型（规训型）父母。

放纵型父母，对孩子不管不教，孩子社会适应能力非常差。放纵型父母用一种自由放任的方式养育孩子，情感响应高，但期望设置低，对孩子发展有负面影响（因为坚定而合理的期望对孩子有益)。

忽视型父母，受困于自身的问题对孩子既没有响应又没有要求，并且大多数父母连子女的日常照顾与生活都不曾参与。孩子到了青春期或成年早期往往出现学习落后、触犯法律等问题。这或许表明：既然父母不在乎，孩子也就无所谓。放纵型父母、忽视型父母，属于我提出的弃权型父母中的两类（忽视型父母、溺爱型父母）。

可见，威信型父母是最理想的，他们坚定而温暖，既有对孩子的成熟和良好行为的期望，又在情感上提供积极响应。这类父母注重温暖、灵活和理性的沟通，以及识别和调节自身情绪的能力。他们会积极关注孩子的生活，在价值观、家庭传统、教育等方面给孩子提供指导。他们提供爱和温暖，但不会提供规训。他们创造安全的空间，促进孩子成长。而孩子，也都更敬重父母。

威信型父母所用的养育方式，和赋权型家庭教育倡导的赋权型父母的养育方式如出一辙。

父母几乎都希望孩子"敬重"自己。但是，敬重因何而来？

有的父母希望通过严厉的管教树立自己的权威，得到孩子的敬重，结果就成为规训，反而可能使孩子远离你。维护权威，其实是控制欲。孩子对父母的敬重，应该来自父母的精神力量、榜样力量，是自然而然形成的，而不是靠暴力和控制建立起来的。

其实，亲子关系是否需要"敬重"，是值得反思的。在我看来，亲子关系中最重要的是爱，而不是所谓的敬重。爱，来自平等基础上的尊重，来自赋权。

父母做孩子的榜样，需要不断学习

父母的榜样力量，非常重要。你想让孩子成为什么样的人，你自己就要先成为什么样的人。同理，你成为什么样的人，不只是为了你自己，也是为了你爱的人，你的孩子。

你的稳定的情绪、良好的关系，都可以给孩子安全感。

你想让孩子有同理心，你要先有同理心。

你想让孩子心平气和地说话，你就要保持情绪的稳定，心平气和地说话。

你想让孩子热爱学习，你就要一直热爱学习。

…………

那些担心孩子总拿着手机玩的父母，自己就要放下手机。当学步儿童的父母盯着手机时，儿童对所处环境的探索就会减少。

真正养育一个好孩子，父母需要不断地学习。我在工作中看到了太多因为父母不学习、无知、重复着几代人的错误的养育观念和方式，给孩子造成的伤害。有些父母把自己的心理问题压在了孩子的身上，转移给了孩子，父母焦虑压力带来的伤害，远远超出了学习不好可能对孩子造成的负面影响。

父母要做儿女的榜样，就要不断学习。更新你的养育观念，提升你的养育技能，更重要的是使自己成为全面持续发展的、更好的自己。只有不断学习，才能实现真正转变。在这个过程中，你的生命将绽放出新的光彩，具有新的能量。

我们都喜欢生活在自己的舒适区中。对于改变，我们感到担心和害怕。我们害怕失败。如果你决定开始努力改变了，你就是非常伟大的父母。因为挑战自己，改变自己，是非常困难的事情。对所有人来说，都是困难的。我们生活中的绝大多数人，是不会选择挑战自己的。

父母的学习可能会体现在：放弃规训，不命令、批评孩子，积极探求孩子的感受，尊重孩子的成长和选择；如果你以前不善于交流，现在还要学习交流的技术；学习积极倾听的技术，这样才能走进孩子的内心，也能让孩子愿意倾听你；训练正向思维的能力，就会避免误解，从积极的方面看问题；进行包容性训练、尊重训练；等等。

在养育的过程中，我们每个人都需要了解自己，不断作出改变。作为本书作者，我一直是这样做的。

父母需要了解孩子，向他们学习。了解他们的兴趣，阅读他们阅读的书，玩他们喜欢的电脑游戏，这样才能理解他们的思想，同时有针对性地进行教育。

原本，你是为了帮助孩子的成长开始学习，但当你学习之后，你会发现自己才是最大的受益者。

此外，还有一件很重要的事就是，父母应该拥有自己的人生。孩子有自己的人生，父母也应该有自己的人生。如果你把自己的幸福和孩子捆绑在一起，把宝押在孩子的身上，你就会对孩子进行控制。

父母应该清楚：在一个家庭当中，你与伴侣的关系，重要于你和孩子的关系。你要在自己和伴侣的关系中找到力量，找到幸福。若你与伴侣建立更多的联结，就会更少去干涉孩子。

同时，父母要注意到，在孩子的成长过程中，家庭的影响显然不是全部，还有学校、朋友和他所吸收的文化。小孩子既然好模仿，父母就要替他选择环境以支配他的模仿。所谓"孟母三迁"，也是一种榜样的选择。

希望孩子做到的，你要先做到

我在本书前面解释了，八大魔法中的前三个，主要是父母要先做到的，后面五个是引导孩子去实践的，但是，父母也要做到。也就是说，你希望孩子积极探索、爱好广泛、读万卷书、行万里路、拥有远大理想，父母自己最好也要这样。

我们不能想象，墨守成规、不爱阅读、整天宅在家里、无所事事的父母，会养育出积极向上的孩子。

改变错误,永远来得及

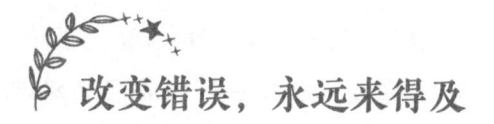

父母会犯错误,也有缺点。可能你一直使用规训的方式来养育孩子,你一直在破坏孩子的八大宝藏,你自己的八大宝藏也早就荡然无存了。你为此很沮丧,没关系,现在就开始改变,一切都来得及。

许多父母希望自己从来没有对孩子发过脾气,从来没有对孩子大喊大叫过,但是在现实中这是很难做到的,你也不用过于自责。因为,你如果用哪种方式伤害了孩子,那通常是因为你也被你的父母用这种方式伤害过。你对孩子怒吼,是因为当年你的父母也这样对待过你。不同之处在于,你的父母可能没有向你道歉,没有改变;但是,现在你可以改变。

你做错了,没关系,不是每件事你都会做对,但你要去及时修复。天下所有的父母都会犯错误,最重要的是要纠正错误。纠正错误,修复受伤的关系,是父母改变的第一步。

父母与孩子修复关系对父母和孩子来说都意义重大,即使是孩子成年了,我们仍然需要修复关系。

父母应该主动修复关系,因为你是成年人,你比你的孩子更有力量。

改变亲子关系,要改变的肯定是父母。因为亲子问题都是在孩子成长过程中父母不适当的养育方式带来的,所以父母必须下定决心改变养育方式才会有效。在亲子关系中，父母处于主导地位，只有父母作出改变才能带来孩子的改变。

无论你什么时候改变，都来得及，都不晚。这种改变是养育方式的改变，是由规训到赋权的改变。如果父母用规训的方式控制孩子，孩子就不可能真正强大。

改变，首先要道歉

父母做错了，一定要认真地向孩子道歉。

道歉一定要真诚。诚恳及带着歉意的态度是承担责任的开始，虚假的道歉是没有用的，因为孩子会很敏感，他会觉得父母虚伪而不接受道歉。

道歉的时候，要告诉孩子你错在哪里，这样孩子就会知道你是真诚的。

许多父母担心，向孩子道歉，自己就没有威信了，孩子就不听自己的了。这样的父母会拼命地掩饰错误，即使掩饰不住也假装视而不见，不承认。这样只会让孩子觉得你是一个虚伪的人。

没有人不犯错误，承认错误并不丢人，但如果你连错误都不敢承认，不愿意道歉，那你就不可能改变。

向孩子道歉，不会有负面作用，只会让你成为他们的榜样。你承认错误，孩子就会知道，你为之道歉的那种行为是错的，不应该学习。当孩子做错事的时候也会仿效你，去尝试道歉。这等于你给孩子做了榜样，引导孩子承担责任。

而且，如果你所犯错误是对孩子行为的错误判断或干涉，你此时的道歉，也是给孩子最好的肯定。

父母不用担心自己犯了错，孩子就不接纳自己。孩子从来不会想要十全十美的父母。

改变，需要持续地努力

道歉只是开始，更大的挑战是：真的改变你习惯的错误行为。这些行为通常是你从父母那里传承来的，根深蒂固，不要期望短时间内能改变。所以，这个改变需要时间，也并不容易，但要坚持做正确的事。

因为，这是为了孩子。"为母则刚"，基于爱，许多时候父母会焕发出强大的力量，完成貌似不可能完成的工作。

我曾经接待一位母亲的来访，她对儿子进行严厉的规训，结果亲子冲突激烈，孩子已经处于严重心理问题的边缘。我鼓励这位妈妈立即改变。

这位妈妈说："我几十年的性格就是这样的，改不了。"

我对她说："我相信母爱的力量是巨大的。"

我表达了对她改变的信心，虽然我当时心里是没有把握的。

但是，这位妈妈真的改变了，亲子关系很快得到改善，孩子的精神面貌焕然一新。这位妈妈的改变令我惊喜，这就是母爱的力量。我们知道自己错了，就应该立即改变。

改变你面对孩子的方式，一开始可能有些别扭。只要有一次成功的经验，父母获得良好的体验，就可以满怀信心地不断做下去。

父母的改变不一定都像前面那位妈妈一样，立即在孩子身上见效。孩子也需要时间。

父母在刚开始改变的时候，孩子或许不会出现改变，有时还会变本加厉地挑战父母。

规训型的父母，突然转变为赋权型父母，即使父母做得很到位，孩子也不会很快适应，他们可能拒绝参与父母的赋权过程。这时，父母可以尝试和孩子谈自己的烦心事，征求孩子的意见。比起以前的规训模式，这是一个巨大的改变，父母亲手将自己从"永远正确"的权威位置拉了下来，从一个规训者转变为一个求助者。面对这种转变，孩子一开始肯定不适应，他们会怀疑父母的动机，是否出于真心，是否有什么陷阱。他们不会立即作出积极的反应，甚至会拒绝听父母的述说。因为他们不习惯这种亲子交往模式，也不知应该如何反应。

父母要做的是：坚持改变，同时配合其他所有情境中对规训的放弃。父母不能回到过去，否则情况会和以前一样，甚至更糟。孩子需要时间接受你的转变，你也需要时间让自己真正完成转变。当孩子认识到父母真的改变了之后，就会作出正面的回应，就会愿意和父母谈论他们的困扰了。于是，新的亲子互动模式启动了，赋权开始了。

如何消除原生家庭的影响

我们从上一代那里承袭了他们的养育方式、为人处世方式甚至说话方式，不知不觉中变成了自己父母的样子。

因此，**父母的成长必须解决自己的父母对自身的影响。**

首先，要对我们传承的规训行为、传承的过程有清晰的认识，仔细回忆一下父母的价值观和行为方式是如何一步步被我们内化在心的，同时反思这些价值观和行为方式是如何影响我们的生活的。这样做的目的，是厘清传承过程，认识到传承的危害。

其次，学习、探索新的行为方式，也就是赋权的方式。

最后，可以举行一些仪式性的活动。比如，将一张白纸对折，一侧写下父母遗传给我们的优点，我们想继续保持，甚至传承给孩子的；一侧写下父母遗传给我们的缺点，比如，规训的态度和价值观，我们想抛弃的东西。将纸从中间撕开，将想保持的优点的一侧折叠起来，珍藏；将想抛弃的一侧撕碎，扔到地上，再用脚狠狠地踩踏它！

练习 1

通过本章的阅读，想一想：你应该学习哪些技能？你应该在哪些方面作出改变？把它们写到纸上，再相互交流。

练习 2

想一想：你有哪些地方需要向孩子道歉？准备好后，认真地向孩子道歉，并且开始改变。

像所有魔法一样，赞赏孩子对八大宝藏具有整体的呵护功能。

赞赏孩子可以让孩子知道自己哪里做得好，让孩子自信，感到安全。在安全和自信的状态下，孩子的好奇心、求知欲、想象力、创造力才会得到充分的发挥。

赞赏孩子让孩子更加积极向上，增进了孩子的进取心、抗挫力、专注力、生命力。

06

魔法3：赞赏孩子

赞赏：最便宜的"催长剂"

赞赏，永远是最有力量的魔法。

对于一个人一生的幸福来说，没有什么比自信、积极、快乐、乐观更重要的了。这些原本就是生命之初的状态，都可以从父母的赞赏和肯定中得到。

来自父母的赞赏，可以让孩子拥有自信、快乐的精神状态，从而做得更好。婴幼儿时是这样，成年后也是一样。

每个孩子都希望自己好，自己优秀，而且被周围的大人所认可。当孩子向你展示自己的一点小小的成就时，你是否曾心不在焉，或者觉得需要教育孩子"学会谦虚"？当别人夸奖你的孩子的时候，你是否曾当着孩子的面说："这不算什么！"若一个孩子的努力不被重视，甚至不断地被否定，他当然就无法自信。

所以，永远不要吝啬你对孩子的赞赏，而是要利用一切机会，在一切可能的场合，赞赏孩子。在日常生活中，要善于发现孩子的每一点进步和长处，及时地给予鼓励。受到肯定和赞赏的孩子，会被激发出积极向上的力量，从而朝着被赞赏的方向发展。即使他在某一方面暂时做得不好，你的赞赏也会让他向好的方向发展。

赞赏孩子时不妨绞尽脑汁，费尽心机。因为赞赏要变化，要创新。每天都要说赞赏孩子的话，指出他的独特之处。为什么要这样呢？你的赞赏到哪里，孩子就可能走到哪里。

蒙台梭利说："好孩子是夸出来的。"表扬和鼓励是爱的教育，她注重孩子的优点和长处，让孩子在"我是好孩子"的心态中觉醒。

相信赞赏的力量是无穷的，每个人都需要被承认、被接受、被认可，特别是来自父母的接受和认可。父母要随时留意孩子每一个成功的时刻，及时地、毫不吝啬地给予赞赏。无论孩子自己洗手吃饭、自己穿上衣服，还是完成一个手工，或者涂抹了一幅杂乱无章的绘画，父母都要及时给予肯定。

为了鼓励孩子，父母还可以为孩子安排一些小的成功，借机肯定和赞赏他们。如果他们真的学习不行，那就布置容易一些的作业，以便有机会赞赏他们。

在赞赏中长大的孩子，会感到爱的包裹，他们会更自尊，更自信，更有探索精神，更有幸福感，更能够忍受挫折和迎接挑战。

有家长说："为什么我的孩子那么敏感？我刚说他一两句，他就暴跳如雷。"这些被认为"脆弱""抗挫力差"的孩子，本质上是因为他们在成长的过程中没有得到足够多的肯定和赞赏。他们的问题是父母造成的。

赞赏具有强大的力量，如果孩子能够得到父母的赞赏，他们就敢于尝试一切力所能及的活动，几乎每天都充满激情和自信。这是一个心理健康的孩子最显著的特征。

> 故事

"别人家的孩子"两度自杀

我曾带领过"原生家庭受暴者团体辅导小组",小组招募的成员都是成年人,但他们在未成年的时候,几乎都经历了原生家庭,也就是来自父母的家庭暴力。

其中有一个北京大学毕业的男生,是从河南一个小城市考进北大的。河南是一个人口众多的省份,学生的高考压力非常大,能够从这样的省考进北大,意味着这个孩子非常出色。

这个男生在小组中分享,他确实从小到大学习一直非常出色,他就是所谓众人眼中的"别人家的孩子"。但是,在他父母眼中,他永远是不好的。他的父母都是中学老师,无论他考了多少分,回到家,父母总是那一句话:"你还要更努力。"

在他的记忆中,父母只有一次因为他的学业而露出笑容。那是他高中的时候,冲入了全国物理竞赛总决赛,要到北京参赛。他来北京之前,爸妈很开心,逢人便说这事。他也因为父母的肯定(虽然这肯定不是直接给他的)而心中窃喜。

但是,当他从北京回到家中,爸妈已经完全恢复了此前的态度,说的又是那些他听得耳朵起了茧子的话:"你翘尾巴了。""你这点小成绩不算什么,比你强的人多了。"

这个男生回忆说,他当时活下来的唯一信念便是:考上外地的大学,远离父母,再也不用见到他们。

大学四年,他果然一次家也没有回。寒暑假,其他同学都回家了,他就一个人住在校园里。即使是春节,他也一个人在没有暖气的学生宿舍中度过。

他的父母非常不理解:为什么儿子放假不回家?

他们可能更无法理解:考上大学的儿子,四年间曾两度自杀。自杀失败后,他自学心理学,才逐渐获得了活下来的力量。

我猜想这对父母一直贬损儿子的初衷,是希望他不断努力,不断上进。但他们不懂得,赞赏才会让孩子更加积极进取,而否定、贬损、忽视孩子的优秀之处,只会使孩子受到打击,丧失进取的热情。

这个男生还是幸运的,不仅考上大学,还活了下来。但是,还有一些孩子在父母的"督促"下自暴自弃,厌学,出现心理疾病,甚至自杀。而且,他们的亲子关系被破坏了,可能一生都无法修复。

父母肯定、赞赏自己的孩子,就这么难吗?

孩子犯错了,也要赞赏

即使孩子犯了错,也要赞赏他。许多时候,孩子知道自己哪里做错了,不用你刻意指出来,也没必要让他认错。在肯定、鼓励的支持下,才能培养出孩子的自我价值感。有了自我价值感,他才会坦然地承认自己的不足。

我在从事赋权型教育的过程中,遇到犯错误的孩子,一直主张:找到他的优点,然后使劲赞赏他。每个人都有优点,孩子更是有许多优点,我们不能盯着他的缺点,而应该盯着他的优点。赞赏他的优点,会唤起他的自尊、自爱、自信,他会做得更好。对于犯错误的孩子也一样,在肯定、赞赏他的优点之时,孩子会很开心,对你产生亲近感。这时你再针对他犯的错误说:"你看,你有很多优点,但是,你做的……,成为你的美中不足了。如果你以后能够避免再这样做,就更完美了。"

我的经验是,这种情况下,孩子总会主动地改变缺点。因为,孩子看到了你对他的期许,看到了在你眼中他是光彩夺目的,他就会让自己配得上这样的期许。

每个孩子都是不一样的,有优点,也有缺点。我们不应该只盯着缺点,应该赞赏孩子的优点,帮孩子发现他自身的力量。

父母永远能找到孩子值得被肯定的地方。即使他做错了一件事,你也可以发现他还有其他值得肯定和赞赏的地方。在充分的赞赏之后，再指出他的不足，还有提升的方法，这将更容易被孩子接受，更容易达到父母希望引导的效果。孩子在感觉良好时，就会自己改正错误。

企业界有一种管理方法叫"三明治批评法"，也就是当你要指正对方的错误时，不要理直气壮地说出来，最好通过"先表扬，后批评，再表扬"三个步骤，一种类似三明治的迂回批评法，否则一旦引起对方反感，再怎么一针见血地批评也没用。

教育孩子，父母最好用积极的肯定，不要用消极的命令。积极的鼓励比消极的刺激更容易让孩子心情愉快、自我肯定、阳光向上，这样的孩子才会更多地作出社会接受的行为，修正自己的不良行为。

父母要清楚：孩子的不当行为，大都是父母对待孩子方式不当的结果；孩子的不当行为，多是为了对应父母的不当行为产生的。肯定、赞赏孩子，孩子有了归属感，在父母这里感到安全，有了联结，他就很少有不当行为了。

比起母亲，父亲似乎更不习惯赞赏和肯定孩子，这给许多孩子的心灵留下阴影。一些孩子，特别是儿子，穷其一生都在渴望得到父亲的认可。这本质上是因为支配性男性气质建构了"严父"的形象，而现在我们鼓励全参与型父亲，将有效地扭转这一文化建构。

> **故事**

一位老师赞赏的力量

我儿子读初一下学期的时候，有两件事让我们一度非常揪心，但老师处理得非常好，最后我们不仅放心，而且非常感动。

一天晚上，儿子在做数学作业时，因为某道题不会，想不起公式了，而且也没有带笔记本回家，便给同学打电话，要问题的答案。

这位同学拒绝了他，并且立即打电话告诉了数学老师，也是班主任张老师。

张老师给我妻子打来电话，讲了情况，然后要求与儿子通电话。

儿子非常紧张，通话过程中手不断地抠桌面，鼻子上冒出冷汗。

但是，通话中，张老师并没有严厉地批评儿子，只是问他为什么不自己做。当得知他忘了公式时，张老师在电话里耐心地给他讲了公式，教他如何做那道题。

当学生犯错误的时候，有些老师通常会严厉批评，结果可能是让学生转而厌学。

以这件事为例，如果老师狠狠地批评我儿子，他就可能从此开始反感学习数学，甚至对数学留下永远的阴影。张老师的处理方法，让我们十分感动，也非常放心。我们清楚，这其实也是促进孩子热爱学习的最好方法。

还有一件事，张老师用同样的处理态度和方法，也让我们很感动。

一天放学后，儿子涉嫌抄其他同学的数学作业，被同学报告给张老师了。

张老师并没有严厉地批评他，而是及时和我们沟通。

张老师还找儿子谈话，赞赏他，夸他在课堂上认真听讲，领悟力强，反应快，说"你的数学成绩本来是应该得100分的，要注意学习方法"等。

这样的谈话，激发了孩子的上进心，保护了孩子的自尊心。之后，儿子做数学作业确实认真了许多。

期中考试，儿子的数学成绩考出了上中学以来的最高分：98分。

张老师发来短信报喜，说："我真为他骄傲，你们也要好好表扬他！"

老师高兴，我们高兴，孩子更高兴，后来的几天里他常偷偷地乐，说："这不是做梦吧？"

鼓励，真的可以创造奇迹。

赞赏的技巧

一些父母对赞赏心怀忌惮，担心孩子被赞赏后会"忘乎所以"，变得"自以为是"，被"捧杀"了。有些父母面对孩子的优秀，也会说："你还可以更努力，还可以做得更好。"父母以为是在鼓励孩子，但在孩子看来，这背后是父母对他的不接纳，是一种失望。

好的赞赏不会让孩子骄傲。这当中有一些技巧需要注意。

赞赏行为，还是赞赏人？

有一种说法，应该只赞赏行为，不赞赏人。我不太同意。

赞赏行为，肯定是对的。比如，

"我很喜欢你做作业时聚精会神的样子。"

"你画的那个房子真好，我看到你下了很多功夫。"

"你真的很认真。"

这些都是赞赏行为。这样的赞赏可以让孩子不断做得更好，让他不断前进。

但是，赞赏人，也同样有正向的意义呀！

有人说，诸如"你最棒了""你真聪明"这种对"人"的赞赏，让孩子没有努力的方向。特别是对外表、先天因素的赞赏，还会让孩子自傲，比如："你个子真高，真好看""你真帅"这些外在的东西是容易失去的，而且孩子遇到这些方面比自己更好的人，会容易自卑。

在我看来，这是过虑了。只要不是只赞赏人，不赞赏行为，就没有问题。对人的赞赏也会让孩子开心，让他自信，让他觉得自己是有价值的，应该追求更好的生活，作出更积极的选择。这就足够了。

如果说，赞赏行为是一种引导，那么赞赏人就能促进情感流动，两者同样都可以作用于自我评价系统，缺一不可。

正如有人说，如果要表扬一个孩子取得了好成绩，那就要记得赞赏和强调过程，过程比结果更重要。其实，赞赏结果也一样重要。

但我们要小心：赞赏人的时候，应该赞赏孩子真实的自我，而不是我们期望的角色。否则，就成为变相的规训了。

不完美，也要赞赏

赞赏是在表达爱，不要在孩子取得优秀成绩的时候才表达你的爱。肯定和赞赏不应该只针对成功的事情，对于失败也一样，要聚焦孩子的进步而不是完美。

称赞孩子付出的努力，称赞孩子与自己相比的进步，而不是孩子超过别人的地方。不要拿孩子和别人作比较，要拿他和他自己作比较。

赞赏孩子的独特之美

不要一味赞赏孩子的外部表现，比如，学习成绩、运动能力、待人接物的技能，等等。一味追求外部表现，会让他们忽视内在的品质，比如，诚实、善良、有创造性。

每个人都有不足，但我们要欣赏每个人的独到之美，让你的孩子为自己的内在之美而自豪。

赞赏要真诚，不要只表达父母的喜欢

赞赏的时候要非常真诚，不要忘记孩子非常敏感，会将我们的小心思看在眼里。

赞赏不只是因为父母的喜欢，不要只说"我为你骄傲"。我认为父母表达喜欢也可以，这也是联结，但赞赏时不要忘记同时肯定孩子的行为。

这样做的目的，是使孩子理解赞赏是针对他的行为的，从而做得更好，强化好的行为。

不要把赞赏和肯定当作规训的手段

赞赏不应该成为操控与规训的一种手段，父母只是赞赏他们希望孩子做的事情，而不是真心欣赏孩子独特的个性和创造力。这样的赞赏是虚伪的，孩子很快就会识破。

父母希望通过赞赏促进孩子更好地学习，虽然我们说了，通常会有这样的效果，但这是孩子自己选择的，自己决定的。如果父母的用意太明显，敏感的孩子会感觉到你的意图，那样孩子就会烦你，这样反而达不到鼓励的目的。

练习 1

回想孩子昨天做过的事情，赞赏他。

练习 2

每天都赞赏孩子的一个优点，连续一个月，不重样。

我这里倡导的"积极探索",既是针对父母自己的,也是指父母应该倡导孩子实践的。

父母在养育孩子的过程中,应该积极探索正向的养育之道,开阔思路,用不同的方式促进八大魔法的应用、呵护八大宝藏,绝不能故步自封。

积极探索,不是自我封闭,而是敢于尝试、挑战自己,相信生命具有无限可能。鼓励孩子自由地探索,就是鼓励他们大胆尝试,积极挑战未知。父母应对他们的探索给予信任和支持。

孩子与生俱来的八大宝藏的呵护与激活,有赖于鼓励孩子自由地探索世界,发现自己,树立远大理想。

积极探索世界,还可以使孩子的生存技能、自信心等都获得全面的发展。在未来的人生中,他们会不惧怕失败。

07

魔法4：积极探索

自由地探索世界,孩子快速成长

当婴儿开始四处爬着探索世界的时候,许多父母会担心害怕,唯恐他们受伤,或者阻止他们四处爬行,或者将他们抱到他们想爬去的方向。这看似在保护和帮助孩子,却剥夺了他们探索世界的机会,最终可能会阻碍好奇心、求知欲、进取心等多个宝藏的挖掘,也使他们的自信心受到打击。

因为我研究家庭教育,时常有朋友将有关孩子的小视频转发给我。

在一个小视频中,一个几个月大的婴儿在地毯上艰难地爬向一个彩球,父母在旁边看着他,同时拍着视频,并不去帮助他。婴儿的手终于能够触碰到彩球了,但是,他的手抓过去,没有抓住,反而把球推到更远处。父母仍然不去帮他,他再继续爬。当手可以够到彩球的时候,他稳稳地举起手,小心地抓住了彩球。

这整个过程,是孩子肢体能力成长的过程,也是自信心成长的过程,他的许多宝藏得到了呵护。

而如果父母将那个球递给他呢?就没法培养他的多种能力了。

父母让孩子自己去探索,只是小心地看着,在必要的时候再出手保护他们。探索的过程会不断刺激他们的大脑发育,孩子会变得更聪明。

同理，那些顽皮的孩子会更聪明。顽皮的孩子总是要出很多花样，不断探索周围世界，有时惹祸，弄坏这个或那个，甚至弄伤自己。但是，就是这些花样让他们更聪明。如果他们乖乖地坐在那里，刺激就少了，大脑发育肯定不如那些四处闯祸的孩子。所以，只要孩子的"闯祸"不会使他们受伤，不会造成重大的财产损失，不会侵犯他人的利益，就由着他们吧。

顽皮的孩子让一些父母感到生气，事实上，孩子在用不同的方式学习，在利用一切机会探索世界。当孩子不断接触新事物的时候，便不断运用他们的感官和身体作出配合，这就是他们的成长。

孩子积极探索的愿望，来自八大宝藏中的好奇心、求知欲、进取心等，这在婴幼儿时期就开始显现了，所以父母应该鼓励他们去自由地、大胆地探索世界。

当然，父母也应该做好必要的准备。

以蒙台梭利的幼儿园设计为例，室内的布置、家具的高矮、设施的采办等，都应该适合幼儿的特点。

在家庭中，也应该为环境做好安全防护，如将炒菜锅的把手转到炉子的后面，房间里所有家具的角都要装上防撞护角，将容易撞倒摔碎的东西移走，等等。

我儿子四五个月的时候，我们专辟出一个大房间，空荡荡的什么都不放，只是铺上床垫，其他地方则铺上地毯，而在墙边都码放了被褥、靠垫等。这样，我们就可以让儿子放心地在房间里自由地探索了，无论爬到哪里，都不用担心磕碰。

在这样的空间中，孩子拥有了自由。向往自由是人类的天性，刚出生的婴儿是没有规则的，这是他们自由探索世界的时候。最可怕的是，成人要急于给他们建立规则，虽然是为了保护他们，但会局限他们。所以，给他们一个自由的空间，是非常必要的。

现在回忆起来，在养育儿子的过程中，我们也曾犯过一些错误。比如，未出满月的时候，我们用小被子将他裹了起来。好的养育模式应该是，让他在温度适宜的房间里自由地裸体。即使要穿衣服，也要宽松自由，而不应该用被子包裹，这就仿佛是将孩子装进一个木乃伊中。可惜我们当时不懂，可见父母学习是多么重要。

> 故事

"吃"尿桶

儿子六七个月的时候，他在房间里四处爬，我在一旁微笑着看他。

忽然，他盯住了刚买回来的一个尿桶。这个尿桶是计划晚上给他把尿时用的，此时还没有用过。

他对这个红色的新奇物件感到好奇，立即爬过去，抓在手中。

他坐在那里，抓住桶，先是翻过来倒过去地观察。我估计他要用牙咬了，没有阻止他。果然，他很快开始用牙咬。咬了一会儿，估计没有什么味道，有些无聊，这时，他眼睛一亮，将那个桶像戴帽子一样扣到了自己的头上。

大小尺寸正合适,像戴了一顶红色的帽子。

我大笑,他也大笑起来。

父母尽可能不要干涉孩子的自由探索,即使是婴幼儿的自由探索也不要干涉,除非他们遇到了危险。我们当然没有办法和几个月大的孩子讲清楚风险,但我们可以将他们从风险旁边引开,如果他们在玩危险的东西,我们就用一个替换物替掉,这同样不属于简单粗暴的"规训"。

像我儿子将尿桶扣到头上这件事,因为尿桶还没有使用过,我自然不会干涉他。如果尿桶用过了,那我会用一个替代物引开他的兴趣。

随着孩子年龄的增长,他们的兴趣不断延伸,父母也应该给孩子更多探索的机会。

幼儿把家里的物品当玩具,弄脏、弄乱,只要不伤害到他们,父母就不要干涉;太贵重的物品,应该早早收起来。

父母应该常常带领幼儿到院子里、街上、公园里走走看看。他们如果要摸花草、玩泥土,只要不伤害自己、不破坏公物,父母也要给他们自由。

凡是孩子能够自己做的事情,父母千万不要替他们做;父母可以购买容易让孩子自己穿上的衣服;孩子要自己拿餐具吃饭,父母不要因为担心他们弄得到处都是而禁止,父母只需要事后打扫卫生就行了。自由地戏耍,自由地奔跑、打逗,这些都是孩子自由的天性。

许多父母过分夸大了日常生活中的危险，往往用这种方式来吓唬孩子，但是他们忘了这会使孩子产生无力感。对孩子的过度保护，不仅会剥夺他们动手的能力，还会剥夺孩子通过为家庭作贡献、学习负责任的机会。然后父母又嫌他们不会承担责任。

孩子探索世界的方式多种多样，包括不断地问父母"为什么"。很多父母会有一个阶段受不了孩子的提问，但是，孩子就是在提问中成长的。所以父母要鼓励孩子提问，这是他们在积极探索。父母一定要有耐心，无论孩子问什么问题，这都是他们好奇心和求知欲的体现。但是，即使父母知道问题的答案，也不应该立即告诉孩子，而要引导孩子思考。孩子的提问本身就体现了他们的思考，但如果能引导孩子找到问题的答案，那么其思考力就又上升了一个台阶。

当孩子思考一个问题或者与父母交流的时候，父母要敞开心扉倾听，不带建议，这就是推动孩子思考。

孩子探索世界还表现在凡事他们要求自己做决定，父母要允许他们做决定，当然可以用"赋权三步"的策略影响他们。关于"赋权三步"，上编第12章有介绍。

孩子感兴趣的事物，让他们去探索。他们会将这种好奇和探索不断扩展，这是终身学习者的基础，这样的人会有很多有趣的事情去学习，而且也想去学习。

一些父母还会觉得孩子的一些游戏太危险，不让孩子和同伴玩。但和同伴玩游戏，孩子的身体协调能力发展了，被同伴接受，这些都开启了孩子经由肯定而更为自信的路径。

青春期的孩子渴望冒险，这是很正常的。父母应该允许孩子去体验，这是他们成长的必由之路。所以，父母不能简单地限制他们，应该引导他们安全地去实现自己的梦想。比如，父母协助孩子制订一次历险的安全、周密的计划。

随着年龄的增长，孩子会有更多的探求对象出现，如果父母引领孩子从小学习了处理风险的方法，就不必担心。如何引领孩子学会应对风险、保障安全的技能呢？第12章"赋权三步"中也将详细阐述。

> 故事

儿子的游戏

我儿子三四岁的时候，喜欢把卷纸打开，拉着在屋里跑，弄得一地都是卷纸。

我们没有阻止他。我还和他一起玩，我说："让我们用卷纸布置一个迷宫吧。"

儿子玩得非常开心，笑得肚子疼。我还一直夸奖他："你真是一个天才的设计师，可以设计出这么复杂的迷宫。"

他玩够了之后，我才说："现在我们开始做天才的整理师吧，把迷宫收起来，整理成一卷纸。"

他又非常开心地和我一起整理好了卷纸。

还有一次，他妈妈买回来一袋橘子，被他当作手雷，扔得满屋都是。我同样没有阻止，而是和他比赛谁用橘子"投篮"更准确。

玩累了之后，我仍然说："天才的篮球手，让我们现在一起做天才的整理师吧。"

儿子又开心地将所有橘子都一一收进袋子里。

橘子是否有摔坏了不能吃的？卷纸是否有撕坏不能用的？一定会有的。但是，和孩子快乐地玩耍、快乐地探索世界比起来，有什么需要在意的呢？

学做家务，也是增能赋权的方式

幼儿看到父母做家务，也想上手试一下，这是他们好奇心宝藏的体现。

孩子看到父母做饭，都想参与进来，觉得很好玩。父母害怕孩子受伤，让他们躲得远远的，他们会很不开心。父母害怕孩子危险，不应该让孩子躲开，而应该让孩子一点点接触，逐渐了解，便不再有风险。如果父母替孩子做了一切，从长远看，那才是将他们置于危险当中。人都有逃避害怕和焦虑的本能，但是如果一直逃避，就没有办法培养起真正的勇气和能力。

要让孩子享受做饭的乐趣，可以让他们做一些安全的工作。以包饺子为例，这是很多孩子喜欢的事情，那让他们随便捏吧。父母不要抱怨孩子捏不好、搞破坏，现在大家的物质条件都不差那几块面了。

想象一下，孩子吃着自己包的饺子时，他的幸福感将多么强，他的自信心将得到怎样的发展！

孩子在做家务中成长，就是在使用"积极探索"这个魔法，激活了他"八大宝藏"中的好奇心、求知欲、创造力、进取心、抗挫力、专注力，等等，增强了他的自信心与处理人际关系的技能。这样的成长过程一分钱没花，父母还要嫌弃他们做得慢，做得不好，弄脏了衣服之类无足轻重的小事吗？有什么比孩子的成长更重要呢？

如果父母代替孩子做本应该属于他们的家务，便向孩子传达一种信息：爸爸妈妈觉得我是做不好这些事的。这会打击孩子的自信心。

有些父母会说："许多孩子读大学了，还没有能力管好自己的生活，我的孩子竟然要从这么小的时候开始学习管理自己吗？"

对。许多成年人管理不好自己的生活，就是因为在他们应该学习自己管理的时候，他们的父母替他们管理了。你也想让你的孩子变成那样的人吗？

如果一个年轻人没有能力处理好一些个人事务，那将是他人生的不幸。从幼儿时期起便训练他管理自己事务的能力，等他成年后就可以避免这样的悲剧发生。

故事

爱上插电热水器

我住的小区热水供应总是不好，家里每天还要插电热水器洗澡。儿子两岁时迷上了插电热水器，总要亲自插拔插头。我们小的时候，家长是绝对禁止小孩子玩插头的，所以一开始我们也是本能地阻止，但这没有用，越禁止，他越要做，每天都要为这事哭好久。于是，妻子便转变了策略，教给他如何插拔插头，从那以后，烧热水器便成了儿子的工作。他从两岁开始每天做这件事，从来没有被电到过。孩子爱劳动的热情，也受到了保护和培养。

克服恐惧，挑战最近发展区

孩子的积极探索，不只在婴幼儿阶段，而应该是持续一生的。作为成年人的父母也应该不断积极探索。

在孩子积极探索的过程中，父母可以鼓励他们不断挑战"最近发展区"。当然，父母也应该不断挑战自己的最近发展区。

苏联心理学家列夫·维果斯基提出了"最近发展区"这个概念。他认为孩子的发展有两种水平：一种是现有水平，指独立活动时所能达到的解决问题的水平；另一种是孩子可能达到的发展水平，也就是通过教学所获得的潜力。两者之间的差异就是最近发展区。父母或老师应着眼于孩子的最近发展区，为孩子提供带有一定难度的内容，调动他们的积极性，发挥其潜能，超越其最近发展区而达到下一发展阶段的水平，然后在此基础上再进入下一个最近发展区。

除了孩子自己主动做的家务外，父母还要不断给他们增加任务。比如，孩子五六岁的时候可以自己折叠好爸妈洗干净的衣服，放进衣柜，可以清洁家具，擦桌子，洗碗，等等。到了小学阶段，可以削果皮，倒垃圾，扫地。到了初中，就可以为全家做饭菜，洗衣服，擦窗户了。

父母可以安排孩子做一些他们没有做过的事情，甚至他们自以为做不到的事情。父母给孩子提供的任务的难度扩展幅度不应该太大，不应该超出孩子的能力范围太多，也不应该在他们可以轻松完成的程度，那样就不具备挑战性。

我们让孩子挑战自己的能力，不是让他们过早地承担他们无法承担的压力，只是推动他们走出自己的舒适区，进入他们的最近发展区。一个成功地保持着与生俱来的八大宝藏的孩子，在好奇心、进取心等宝藏的作用下，不需要父母推动，也会不断挑战自己的最近发展区。

在我儿子成长的过程中，我们家曾多次搬家。他上幼儿园的时候，我让他把自己的玩具装箱；他上小学之后，除了负责把自己所有的物品装箱之外，还要帮我一起把书装箱。小孩子做这些事，有时是挺累的。但他一直非常开心地和我一起干。干到晚上的时候，我看到他睡眼蒙了，便让他睡觉去，他还一脸遗憾的表情。他到美国留学之后，一直自己搬家、自己租房、自己买家具组装，一个人装了全套房的家具，能力非常强。这些能力就来自他早年的锻炼。

挑战最近发展区的时候，可能有的孩子会有一些焦虑。焦虑是成长的一部分，不应该逃避，而要学会承受。如果一个孩子小的时候处理焦虑和应对挑战的经验太少，那他长大之后就没有这方面的能力。小学阶段，如果父母保护着孩子避免焦虑，孩子在中学阶段就会感到压力更大，而到了大学阶段父母也保护不了，也插手不了了，那个时候才是孩子最危险的时候。许多大学生得了抑郁症，很多时候就是因为从小没有承受过适当的压力，而对大学的压力无所适从。

父母要做好充分的准备：最迟到 18 岁，孩子就将离你远去，那时你很有可能无法施加自己的影响力，无法帮他。所以，当务之急，是在他离开你之前，尽你所能，让他有能力自理。

父母放手让孩子做事情，不要计较孩子是否做得好，是否成功。失败也是积累经验的过程，让他们动手尝试每一个环节，他们最终才会成功，而这时就增加了自信和能力。这就是赋权的过程，让孩子在生活中为自己做主，可以增加他们的安全感。

如果孩子陷于困境当中，父母要克制的是急于帮助他们摆脱困境。父母急于帮助孩子解决问题，会形成孩子对父母的依赖，更重要的是，孩子没有从中增长能力。

随着年龄的增长，我们可以给孩子更多的任务，家长不要负责解决孩子的问题，只有你把问题放下，孩子才能够增长能力，才能对新事物有热情，乐于大胆尝试，不怕失败。

我可以自豪地说，在挑战最近发展区这件事上，我以身作则地成了我儿子的榜样。我研究、写作的领域在过去三十年间不断扩展，由最初的性学研究，到性别研究，到性教育，到性与亲密关系咨询，再到家暴当事人的咨询辅导，再到阅读推广、儿童文学写作、家庭教育，一路不停，成为终身的学习者。每次挑战自己的最近发展区，我都有非常愉悦的感受，并且与我的儿子分享。虽然他还很年轻，但我相信他也会成为一位终身学习者。这就是榜样的力量。所以，八大魔法是相互支持、共同促进孩子成长的。

> 故事

"专家"

（这篇文章，是我儿子小学四年级时的一篇作文，真实地记录了他作为"专家"，为全家处理机械类事务的经验。他的动手能力非常强，那时便已经体现出来了。）

我抱着电视机的机顶盒，激动地按下了奶奶家的门铃。奶奶一开门，有些意外地说："是你呀。你妈妈发短信给我，说要带一个专家来给我装机顶盒呢。"我说："我就是那个专家。"奶奶困惑地看着我……

奶奶最近刚来到北京住。为了方便奶奶看到更多的电视节目，妈妈给奶奶买了一个电视机的机顶盒。但是，妈妈不会装，就带回了家。带回家又能干什么呢？自然是让我去给奶奶安装了。几年前，我们家新安机顶盒的时候，爸妈看着它一头雾水，不知所措。我拿过来，翻了翻说明书，三下五除二就装好了。那次以后，爸妈就把一切安装、试用新电子产品的实验权给了我。比如，新手机、新豆浆机不会用时，就全让我来处理，我也乐此不疲。爸妈说我对于新电器使用方面的能力，也是一种特长呢。

就这样，为奶奶装机顶盒的任务也自然落到了我的头上。我以最快的速度写完了作业，连上卫生间的时间都舍不得花，就直奔奶奶家。我去之前，妈妈就给奶奶发了短信，说请了一个专家去安装。于是，我就成了那个专家。

奶奶听清事情原委后，开心地笑了好半天。她说："我连给专家的安装费都准备好了。"我说:"我这是亲情出场,不收费的。"于是,我就大干起来。拆箱、插线、放卡、调试……奇怪了,机顶盒还是没有反应。我开始担心了,难道我的一世英名就这么毁了吗?真要一失足成千古恨吗?妈妈打电话找来了有线电视公司真正的专家,一检查,是墙里的线路坏了。修好线路,我装好的机顶盒就正常工作了!看,我没做错什么,不是我的过错。我悬着的心落地了。

通过这件事,奶奶更爱我了,我也更爱劳动了。

练习1

想一想:你的孩子幼儿时曾要做哪些"危险的行为",被你制止了?如果有机会重新选择,你会怎么做?

练习2

许多女孩子的父母,告诉女儿:女孩子不能独自到外面玩。

想一想:这样的规训可能给女孩子带来什么负面的影响?正确的做法应该是什么?

练习3

设计几个有挑战性的活动,让孩子去实施。

比如,一次摆摊活动,把孩子的旧玩具、父母不用的书一起摆到路边去卖。

我这里说的爱好，可不是专指那些能够在升学、考试中加分，未来可能变成职业的爱好，像钢琴、绘画之类的。这些是爱好，但不是全部。我心中的"爱好"，更多的是"没用"的爱好。

有一个爱好，这本身就是好奇心、求知欲的体现。许多爱好强化了我们的想象力、创造力，维系一个爱好需要我们的进取心、抗挫力、专注力，最终会增加我们的生命力。

08

魔法 5：爱好广泛

爱好让我们热爱世界

读过我的儿童小说《猫头鹰绝密行动》的一位小读者,写邮件问我:"书中秦老师说,只要培养好兴趣爱好,学习成绩也会好。但是现实中我们会为了成绩放弃自己的爱好,而且我们的兴趣爱好总是不被大人尊重,怎么办呢?"

我回复她:

学习功课、考试成绩都只是我们成长的一部分,爱好使我们更加热爱这个世界。特别是小学,重要的是能力的培养和对世界的热爱,广泛的兴趣爱好可以带给我们这些。兴趣爱好让我们热爱知识、热爱生活。许多爱好直接促进学习,如阅读。重要的是让父母和老师理解这一点。

当然,我们也要规划好时间,比如,我儿子读小学时,放学回家后快速完成作业,余下的时间就由他自由支配了。我们也可以要求父母,在我们完成功课之余,不要再加码了,要给我们自由支配的时间,这会使我们更加快乐、自信,也更加热爱学习。理解了这些,父母就应该鼓励孩子拥有广泛的兴趣爱好了。

拥有天生的好奇心、求知欲的孩子,一定会有很广泛的兴趣爱好。

说到爱好，我们头脑中最初闪现的，可能是弹钢琴、绘画、某项体育运动、制造航模，甚至物理、化学实验……这些是爱好，但是，孩子真正的爱好绝不会这么狭窄，这些远远代表不了这个世界的精彩。如果孩子拥有这样的爱好，父母通常不会反对，甚至会很高兴，期待孩子将来可以在某个方面有所发展。

如果是一些看不到有什么"专业前景"的爱好呢？比如，采集不同形状的树叶标本、观察蝌蚪变成青蛙的过程、弹球、集邮、拼图、折千纸鹤，甚至饲养蚊子。还有的孩子喜欢搜集各种卡片，喜欢小精灵的玩偶，等等。

孩子的兴趣爱好可能非常多元，家长应该理解：无论是什么样的爱好，背后一定是孩子对世界的好奇，对未知的渴望。总之，是对世界的热爱、对人生的热爱。

即使一个爱好不能增长学识，不能强健身体，但也可能让孩子的手指更灵巧，可以使孩子很开心，可能会滋养孩子的心灵。

对于貌似和职业无关的爱好，父母也切不可因此就简单地否定他们，甚至剥夺他们的兴趣爱好。有爱好的孩子，他们会投入时间和精力到爱好上，他们的专注力会提升，进取心会提升，抗挫力也会提升。这些都是人格成长的部分，肯定也会提升孩子学习文化课的能力，更重要的是，这些注定会使他们的人生更丰富多彩，也会使他们更积极进取。

拥有广泛爱好的人，他们的情感世界更丰富，他们的心理韧性也更强。

所以，如果父母能够支持，甚至鼓励孩子拥有广泛的兴趣爱好，至少不用担心他们得抑郁症、厌学、感觉人生无聊了。

广泛的兴趣爱好，将把一个孩子引向更广阔的人生。父母要做的，只是给孩子打开所有的门，打开所有的窗，让他们看到这个世界的多姿多彩。他们天生的好奇心就会将他们引向某个兴趣。

孩子的爱好还可能会在短时间内发生变化，比如，今天喜欢集邮，明天喜欢航模，后天又喜欢烹饪。千万不要责怪孩子"三分钟热度"，这是他们探索世界的过程。重点不在于他们喜欢什么，而在于他们发现：这个世界好有趣，人生好值得拥有和享受呀。

对比一些孩子自杀的新闻，有兴趣爱好孩子的父母应该宽心了：一个对世界有诸种热爱、诸多留恋的人，他的抗挫力这个宝藏就会被激活，他是不可能轻易放弃生命的。

只要你的孩子的兴趣爱好对自己和他人是无害的，就任其发展吧。孩子在这个过程中会获得热情、好奇心、毅力和解决问题的能力。如果你不能更好地支持和帮助他们，至少不要妨碍他们。

> 故事

折纸男孩的爸爸

有一个视频号，爸爸拍小学生儿子的日常。儿子非常喜欢折纸，爸爸就专门给他办了一个视频号来秀他的折纸技艺。爸爸还带孩子参观纸艺术展览，结果孩子一脸鄙视地说："那些都是用胶粘的，只有用一张纸折的才够水平。"

其他孩子考试取得了好成绩，向父母要大餐，要去旅行，要贵重的礼物。这位折纸达人，要的是"三明治纸"，一种折纸用的专业纸。

这位父亲没有对儿子说："折纸有什么用啊，能当饭吃吗？能靠这个找工作吗？太浪费时间，影响学习了。"

相反，这位父亲还开了一个视频号，晒儿子的折纸作品。这就是对孩子的鼓励，体现了父亲对孩子爱好的赞赏。

这位父亲懂得：如果一个人执着于自己的爱好，就会热爱世界，热爱人生。更何况，折纸能锻炼孩子的专注力、想象力、创造力、成就感等。那对他来说，考试成绩、名次等，都不是事了。

其实，手工是一种创作，而创作能够给孩子带来自豪感。手工类的爱好有益于大脑和身心的发展。制作手工艺品能锻炼孩子手指的灵活度，培养大脑功能，刺激其对事物的感觉，培养想象力以及稳定的自我意识。

"孩子没爱好，如何培养"

一位妈妈对我说："现在很多孩子在小学阶段就表现出了爱好和特长，既可以在升学时有所帮助，又可以更早地规划未来的职业方向。但是，我家孩子好像什么爱好和特长都没有，就是喜欢看闲书。我让他去学画画、钢琴，他都坚定地不去。我如何才能培养出孩子的爱好和特长呢？"

在我看来，这个孩子是有爱好的。

我觉得父母应该考虑到以下九点：

1. 喜欢"看闲书"就是最大的爱好，爱阅读可以给孩子带来一系列的成长。父母首先要搞清楚，你关心孩子的爱好和特长的目的是什么？是为了有助于升学的时候加分，是为了早早规划一个目标职业，还是为了孩子真正的兴趣？在我看来，爱好和特长最大的价值，在于那是孩子的兴趣所在，孩子可以经由爱好和特长更加积极地探索世界，积极地求知，更加热爱人生。父母不应该以太功利的目光来看待孩子的爱好和特长。

2. 孩子天生对一切事物好奇，有爱好是他们的本能。父母要反思一下，是否打击过孩子的兴趣爱好。你觉得对功课、考试没有帮助的爱好，就反对，禁止孩子去做，久而久之，孩子就没有兴趣爱好了。

3. 我们说家长要做的是保护孩子的好奇心、求知欲，这也就是保护他们内在的成长动力和学习动力。父母不要对孩子说"你的这个兴趣没用,你的这个爱好浪费了学习时间"之类的话,更不要说"你应该去学习我认为有价值的东西",这种态度就是对孩子的内在动力的破坏。

4. 如果孩子目前没有爱好和特长,对父母来说,重点是鼓励和引领孩子去发现爱好和特长。父母不应把自己觉得孩子应该学习的或者社会上最流行的东西强加给孩子,而应致力于带着孩子去探索兴趣所在,在孩子兴趣所在的基础上给他机会。如果孩子能在这方面有兴趣,比别人做得快、做得好,能够坚持,这就体现出他的特长了。

5. 为了发现兴趣爱好,可以让孩子多经历、多尝试、多接触。父母带着孩子多去体验社会,看世界,孩子就会有发现。比如,让孩子学习绘画、体操、钢琴、象棋、棒球、游泳,去博物馆看美术展,看书。让孩子尽可能多地接触生活、接触社会,这就是一个对孩子分享信息,推动他在众多的领域进行尝试、体验、思考、选择的过程。家长在这个过程中陪伴孩子一起探索、挖掘他的兴趣爱好。家长也可以分享自己的看法,但绝不要给孩子选择的压力,只需分享选择的一些经验,比如,家长可以提醒孩子,判断一个爱好是否是自己乐于从事的一个标准是:想想你是否愿意长期、反复从事它。

6. 现在有一些不同的"特长"测试,比如,基因测试、天赋测试、职业规划测评等。但我觉得,这些仅供参考,因为孩子年龄还小,每个人的发展变化很大,还会受社会文化影响,不要让这些测试把他们局限住了。社会学有一个理论是"职业滞留系",说的是人们通常在30岁前后才会在职业上稳定下来。

7. **如果孩子确定了一个爱好和兴趣方向,父母一定要尊重孩子的选择。** 孩子的爱好和特长不应该是以所谓未来的功利来评判的。比如,一个孩子喜欢小动物,喜欢昆虫,如果父母觉得没有用,那他的自信心就被打击了,他的爱好就被扼杀了;如果父母一直肯定他、赞赏他,他经由这些爱好可能一步步喜欢上动物,喜欢上大自然,未来可能就会成为一个动物学家、博物学家。所以,不管孩子的爱好、特长与学业、未来工作是否有关系,都很好。孩子只有在做自己喜欢的事情时,他的想象力和创造力才会得到充分的发挥,他的专注力、坚持力、求知欲、进取心才能得以训练。

8. **如果孩子在自己选择的兴趣爱好上有进步,我们要祝贺他;如果他毫无成绩,父母也应该接纳他。** 家长不需要过多干预,也不能揠苗助长,比如,给学弹琴的孩子过早地搞一个演奏会,看似鼓励,实际上是没有意义的,可能还有负面影响。

9. 当然,也可能**孩子一开始对某一方面感兴趣,父母也给他报了课,想在这方面培养他,但是他后来又没有兴趣了,学不下去了,我们也不要责怪,那只是说明这并不是他真正的兴趣所在。要给孩子试错的机会,再换一个领域尝试好了。** 任何选择都是有成本的,给孩子报兴趣班也一样,这个成本包括课程费用,更主要的是时间成本。接受孩子的试错,就属于赋权型家庭教育所说的"在他跌倒的地方扶起他"。

练习 1

反思一下:孩子是否有过某个兴趣爱好被你打压了?

练习 2

制订一个鼓励孩子有更多兴趣爱好的计划。

没有什么比阅读和孩子与生俱来的八大宝藏更契合的了。

　　因为有好奇心、求知欲，我们去阅读；阅读可以提升我们的想象力、创造力；书中的人物、故事，进一步激发了我们的进取心、抗挫力；阅读培养了我们的专注力；阅读带给我们的精神享受，让我们对生命和世界更加热爱，增强了我们的生命力。

　　让孩子去阅读吧，阅读改变人生，阅读改变世界。

09

魔法6：读万卷书

爱阅读的孩子,各方面都优秀

阅读,能提高学习成绩吗?

阅读,能使孩子考上好大学吗?

阅读,能让孩子未来赚大钱吗?

太多父母之于子女的"教育投资",都期待着一种立时可见的短期回报。很显然,阅读无法提供父母所期待的东西。但是,阅读可以提升孩子的社会阶层。

有一个现象:知识阶层家庭的孩子,成年后更多进入知识阶层。多数人一定会说:家庭影响。没错,但深入的研究显示,决定性的影响是家庭中的阅读氛围,而不是经济条件,更不是父母的遗传。

美国有学者跟踪调查了 30 个普通的蓝领家庭,这 30 户家庭习惯给孩子买书、陪孩子阅读,有亲子共读的时光。最终,他们当中有 15 个家庭的孩子,成年后从蓝领阶层上升到了白领阶层,占到了 50%。而在美国,蓝领阶层的整体上升率只有 7%。

阅读的魅力是多元的,阅读的影响是长远的。很可惜,太多的父母看不清、等不及,于是早早遏制了孩子阅读习惯的养成。

研究显示,如果父母和孩子每天有固定的亲子共读时间,那么这个家庭的幸福指数远远高于没有共读时间的家庭。

跟孩子一起亲子阅读,是孩子一生最温馨的回忆,也是父母幸福的回忆。

通往成功的道路有很多条——家庭、资源、关系、运气，可惜的是，很多条道路都和我们大多数普通人没有关系。但是，有一条没什么成本，简单易行，人人都可以走的路——是的，那就是阅读。

古今中外，那些伟大的人物，是从哪里来的，是怎样作出一番丰功伟绩的？你会发现他们有一个共同点：阅读。

丘吉尔一生热爱阅读。他回忆说，他九岁半时父亲送了他一本《金银岛》，第一次阅读这本书的兴奋感和喜悦感成为他一生最美好的记忆之一。

埃隆·马斯克15岁的时候，想要自己造一个火箭。他去图书馆借阅很多火箭方面的书，很快成了这方面的"专家"，这对他后来的成功非常重要。

比尔·盖茨在童年和青少年时代热衷阅读，他说："是我家乡的公立图书馆成就了我。"

公元前4世纪古印度国王米南德说："喜欢阅读的人，就像拥有两个人生。"

英国作者毛姆说过："书籍是随身携带的心灵避难所。"

教育家朱永新说："一个人的阅读史，就是一个人的精神史。"

还有一句话我非常喜欢："爱阅读的孩子，不会变坏。"确实，有研究显示，爱阅读的孩子，成年后在各方面均优秀。

阅读是求知的过程，是了解世界的过程，是与无数优秀的人对话的过程。书中充满了榜样的力量，对孩子潜移默化的影响，使他们更优秀。习惯阅读的孩子，情感丰富，理智多元而且深邃，人格发展健全；有原则，能区分善恶，爱憎分明。当我们阅读的时候，智力明显增长，人格也在成熟。

阅读加速大脑发育，阅读是促进生命健康成长的重要途径。 阅读可以帮助一个孩子获取知识，扩展视野，建立思考之源；获取信息，满足好奇心，激发探索欲望；解决生活难题；提高理解力、语言表达能力；转移注意力，疏解消极情绪；发展心智、情感、社会性；学习榜样和自我完善；收获经验与勇气，化解冲突，改变行为方式。

阅读给孩子舒适感、安慰、信心和安全感；阅读让孩子身心放松、幸福和快乐；阅读丰富孩子的想象力，帮助他们与他人共情；阅读是父母与孩子亲情联结的奇特方式。

从长远的人生看，一个人的成功取决于自学，而持续地认真阅读，是自学的核心。引导孩子读书，意味着给孩子未来。因为孩子养成了从书中汲取营养的习惯，就意味着走上了正确的学习之路。

所以，鼓励、推动孩子阅读，绝对是父母可以使用的一个神奇魔法。

当然，我这里说的"阅读"不是一年读几本书似的"阅读"，而是指"海量阅读"。以小学六年为例，读1000本书是合理的。

有父母会问：1000本？会不会太多？孩子能读完吗？这就太低估孩子的阅读和理解能力了，习惯海量阅读的孩子，两三个小时读一本六七万字的童书是正常的。

有父母担心：阅读占的时间太多，会不会影响学习功课？

阅读是真正的学习，它指向生命、生活的重大主题。对学校里考试成绩的热爱，热爱的不是学习本身，只是对分数的关注。

即使仅仅从学习功课的角度看，阅读也是所有学科的基础。儿童文学作家谭旭东曾介绍说，自己的女儿没有上过一个课外班，但读了1000多本书，考上了北大。

有一项研究，对农村孩子和高知家庭孩子进行分析，发现影响他们学习成绩的竟然是阅读条件。后者的家庭中有更多的书，孩子从幼时便养成了良好的阅读习惯，这直接影响了他们在学校的学习能力、学习成绩，同时也影响了成年后的职业。

缺少阅读，孩子的学习会变得困难。阅读需要付出努力和注意力理解文本。在阅读的过程中，孩子的专注力、学习能力得到了提升。

阅读使孩子沉静、专注，能够将孩子从电子游戏中带走，使孩子更加热爱知识、热爱学习。有教育学者提出，小学只有两件要事：保护儿童自尊心，培养儿童阅读能力。

玩电子游戏也可以学习逻辑、快速思考、锻炼解决问题的能力，但那是即时娱乐、即时满足。读一本书无法带来即时娱乐，但它的回报是巨大的。

我们说，阅读改变人生，阅读改变世界，一点不夸张。

让孩子爱上阅读的十条建议

我听到一些父母说:"我的孩子不爱看书。"我想说:"不是你的孩子不爱看书,一定是在他成长的过程中,阅读的乐趣在父母的干预下丧失了。"哪有孩子不爱听故事的?他们从小就纠缠在成人身边,不断央求着:"再讲一个故事吧。"阅读,本质上就是听故事。

父母的哪些做法会让孩子远离阅读呢?比如:

- 你读一本书,究竟收获了什么?
- 你读得那么快,究竟读懂了没有?
- 圈出好词好句,积累下来。
- 这本书到底讲了什么道理?写下来告诉我们。
- 写篇读后感吧。

这些都会剥夺孩子的阅读兴趣,失去阅读原本可以带来的快乐。

那么,父母有哪些办法让孩子爱上阅读呢?这里提供十条建议:

1. **父母自己爱阅读**。父母在家中不读书,对孩子阅读很不利。让孩子看到你也喜欢阅读,并且开心地谈自己最近读的一本有趣的书,这是让孩子爱上阅读的最佳途径。我儿子小的时候,我会经常和他相互交流阅读的心得。我写这本书的时候,他已经

26岁了，我们父子俩还经常互相推荐各自看到的好书，交流读书心得。

2. 丰富、优质的藏书储备。美国社会学家玛利亚·埃文斯在长达20年的时间里，搜集了27个国家7万多个藏书超过500本的家庭的数据，结果显示，这样家庭中的孩子：平均多受3.2年的教育；完成大学学业的可能性多出19%；即使父母受教育的水平相差很大，但孩子受教育的情况却相差无几。家中一定要有足够多的书，至少500本以上的藏书。也许有父母会说：那得花多少钱呀？相比于其他消费，图书是非常便宜的。不妨算一下：你给孩子的消费中，图书占比多少？

3. 在婴幼儿时期进行亲子阅读。鼓励孩子热爱阅读，越早越好，让孩子对阅读的热爱在心中生根，成为生命中的一部分。阅读始于零岁。父母给四五个月大的孩子读绘本，他们便会有明显的积极反应了。孩子通常都是在父母的膝头上开始阅读的，不要说孩子太小不识字，识字只是阅读的手段，读图画书、文字书，听音频，都是阅读。为孩子大声读书是培养其阅读习惯最好的方法。幼儿喜欢成人给他们读书，我们可以利用一切机会给他们读书，比如，饭后，睡前。有时你真的很累，但哪怕每天坚持20分钟，也将是非常有效的。亲子共读能帮助孩子掌握语言，为他们上学做好准备，培养他们对学习的热爱之情。大人给孩子读书时，三件事同时发生：孩子与书产生愉快的联结，孩子与读书的大人产生愉快的联结，孩子和大人同时增长知识。父母能为孩子做的最好的事情就是读书。

4. 家中具备舒适的物理阅读环境，让孩子可以随时伸手拿到书，可以舒服地坐下来阅读。不要说房间小，没有地方布置书籍，你可以在楼道放书架，可以将阳台布置成书房，还可以将客厅的电视墙拆掉，改为一面书墙。在图书包围中长大的孩子，很难不热爱阅读。记住：最好的学区房，就是你家的书房。如果有天堂，它应该是书房的样子。

5. 全家有固定、规律的阅读时间保障。家庭固定的阅读时间，哪怕每天只有一小时也可以。固定的时间就是仪式化，仪式化增进我们对一件事的虔诚投入。

6. 使阅读成为家庭生活的一部分。养成用书作礼物的习惯。利用一切时间读书，每次外出都要带着书。让书在生活中活起来：去海边，带跟海相关的书；去医院，带跟医院相关的书……很快，所有场景的书都会有了。

7. 不给孩子制造阅读压力。良好的阅读氛围应该是轻松的。不要烦孩子，不要让他们写阅读报告。如果他们不喜欢一本书，可以随时放下。要让孩子依据自己好奇、求知的天然宝藏去爱上阅读，父母不要过多干预，也不要急于让他们读"高深"的书。阅读是马拉松，只要他们在读书，就是好的。阅读者应该保持愉快的心情，快乐阅读。

8. 将选书权交给孩子。孩子必须有充分的选择，这是爱上阅读的重要原因。给孩子选书的权利，带他们去书店，鼓励他浏览网上书城。家中藏书的多样性也很重要。父母可以提供书单给孩子，但最终由他们决定。如果孩子不爱阅读，通常是因为那本书故事乏味；故事太简单或太难；孩子识字量不够，阅读困难。这就需要换成适合他们的书。如果大人选择童书，要警惕自己的功利性。

9. 激发孩子阅读的兴趣。从他们喜欢的东西推动阅读，如从喜欢一本书到读同一作者的所有书，读反映真实生活的作品。喜欢运动，可以读有关运动的书；喜欢一个电脑游戏，可以读与之相关的书；看过一部动画片、电影，找出原著去读……只要有一次愉快的阅读经历，就再也无法容忍电视了。所有的阅读都是有益的，漫画、杂志……只要沉浸于愉快的阅读，高品质的学习就正在发生。阅读兴趣起来了，孩子会自己找时间阅读，他们的阅读品质也会不断提升。

10. 永远将阅读与正向的信息联系在一起，不要惩罚不阅读的孩子。不一定要读完，阅读的时候可以吃零食，等等。任何阅读都是有益的，强调乐趣，阅读是娱乐和休闲。不要传达这样的信号：阅读是不得不做的事，是工作，是家庭作业。

> 故事

热爱阅读的小学生

儿子在小学一年级暑假的时候，正值我和妻子都比较忙，常不在家。儿子自己在家里每天抱着电视看，去厕所都以百米冲刺的速度跑来跑去。到暑假后期，我开始培养他的阅读兴趣，希望他能够以对阅读的兴趣取代看电视的兴趣。

改变是一点点做起的。先拿出《格林童话》《安徒生童话》，要求他每天读20页，然后逐步增加到50页、80页、100页……刚开始的时候，儿子非常不情愿，看完规定的页数就跑去看电视。但是很快，不到一个星期，书中故事对他有了更大的吸引力。他开始主动地去读更多的页数……

我们又适时地不断夸奖他，告诉他：阅读使人聪慧，看电视则使人丧失思考的习惯。同时我们以身作则，自己完全不看电视，只看书。家里有几千册藏书，很多次我和儿子站在书架前，我对他讲些爸爸妈妈小时候如何爱看书的故事，向他描述书籍是如何改变我的人生的。这些都在他心目中潜移默化地强调了阅读的价值。父母的榜样作用是非常重要的，儿子看电视的时间在一点点缩短，二年级开学之后，他就很少看电视了，每个星期只在周末看不到一小时的电视，他已经在书中找到了足以取代看动画片的乐趣。

二年级的时候，正巧班里开展读书统计，在教室墙上贴出"书山有路勤为径"的板报，读书多的人名字就不断向高处贴。儿子很快就成了第一名，并且一直保持下来。这一荣誉感也极大地鼓舞了他。我们在家里不断夸奖他对阅读的兴趣，来的亲朋也首先会夸他爱读书。称赞的作用是强大的，到二年级放暑假之前，我们统计过，儿子已经读了约400万字的书了。

四年级时，儿子在作文中这样写道："我有一年没看电视了，我的字典里没有了'看电视'这个词，而是'阅读''读书'这两个词打败了'看电视'这个词。我从以前不爱看书变成了爱看书，爸爸妈妈也从以前的想让我多看书改成了想让我少看些书，多参加体育活动，锻炼身体。"

确实，儿子读书时的痴迷已经令我们担心他的视力，有时他一天便读完一本10万字左右的小说。由一开始我们劝他多读些，到现在我们劝他少读些以保护眼睛，这是一个由量变到质变的过程。

为了保护他的眼睛，我们开始限制他的阅读。但到小学毕业前，他还是读了大量文学名著。

阅读改变人生。儿子上一年级的时候，非常淘气，经常不守规则，在班里有"三个火枪手"之称。那时老师经常放学后留下他。但到了二年级时，他就已经很少被老师留校了，老师偶尔还会表扬他一下，说他进步很快，不再经常犯错误了。而读三年级之后，他从来没有被留校，老师还经常表扬他。我和他的妈妈在家里戏称，儿子到了三年级已经"进入主流社会"了。在我们看来，这一转变至少有两层原因：一方面是班主任经常鼓励他，孩子在鼓励面前都会更加积极主动；另一方面便是阅读了。书中的故事帮助孩子更好地培养荣誉感和进取心，使他的思想更为丰富，而当一个孩子头脑丰富、学会思考的时候，他就会少犯一些错误。

孩子读书时，父母也可以适时引导他们。儿子看希区柯克悬念小说集《人类的天性》，里面多是因财而谋杀的案子。儿子看了，说："这本书讲的都是人类的天性，人类的天性就是想赚钱。"我适时地说："人类的天性是贪婪，人要控制这种天性，要靠自己努力工作赚钱，不能犯罪，否则没有好下场。"儿子若有所思地听着。

阅读,增加了孩子的自信心。一次,老师让以"××能力我最×"为题写篇作文,儿子便写了"阅读能力我最行"。

回头反思,培养儿子阅读习惯所带来的正面影响,远远超出了我们最初的预期。

阅读是一个重要的培养孩子思考、成长的方式,它的影响绝不仅仅是提升孩子的阅读能力,而是促进孩子自我意识的全面提升,是人格的全面成长。

练习

与孩子相约:一周内分别提供一个自己认为最应该阅读的书单。父母可以查阅资料,拟定一个100本的适合孩子年龄的阅读书单,孩子也拟一个同样数量的书单。看看有多少是相同的书,共同确定一个最优先阅读的书单。

给孩子走入大自然的机会，让他们与自然建立深刻的联结。带孩子"行万里路"，到更广阔的世界去。广博的见闻，将开阔孩子的视野，激发他们的八大宝藏，增加他们的自信心，锻炼他们的能力，促进身心健康，也使他们更加热爱生活。

10
魔法7：行万里路

到大自然去

儿童天生热爱自然

我小学一、二年级在长春市读书,那两年的暑假是在长春度过的。整个暑假,邻居家的一个大哥哥带我去过两三次小区对面的公园,此后几十年间,我对长春的记忆便一直萦绕着这个公园。

我们当时叫那个公园为"老虎公园",和现在的公园完全不是一个概念。那是用高墙围起来的一片禁区,邻居家大哥哥带我翻过围墙,眼前便是大片的荒野地,大片自然生长的树林。蝴蝶、蜻蜓等昆虫在草丛间飞来飞去,我在它们身后追逐着;头顶的树冠里传来百鸟争鸣的声音,我抬起头,想在树冠中捕捉它们的身影。我跟着邻居家大哥哥在草丛间捉虫子,在松树下捡松子,翻开石头抓蟋蟀……公园的角落处还有一条小河,小河里的水涓涓流淌着,有一些孩子在戏水……

我一直不知道那个公园有多大,我无数次设想过,穿过树林是否会走进大山,是否会有一头老虎冲出来。毕竟,公园叫老虎公园。

现在回忆起来,我最多只去过老虎公园两三次,但是,此后几十年间,它不断出现在我的梦境中,凡遇到长春来的人,我便会向他们打听这个老虎公园。

离开长春二十年后,我有机会再回长春,第一站便是去令我魂牵梦绕的老虎公园。这里已经改为"长春动植物公园"了,买门票可以进入。

整齐的柏油路面代替了当年起伏不平的土地,取代那密密的树林的是几排整齐的树;各种儿童游乐设施,代替了当年令我盘桓其间的草丛和石头;我走了很久才找到那条小河,水浅浅的,也没有人在其间戏水了。

一切都变了。不变的是我的记忆。

最神奇的是,时间又过去了二十多年,再提起长春的时候,我首先想到的还是那个公园。虽然知道已经完全不是我童年时的样子,但我仍然惦念:再回长春,还要去看看!

一片荒野,一片草丛,一片树林,一条小河,仅仅两三次的相遇,竟然可能成为一个孩子一生中最珍贵的记忆!

孩子对大自然的渴望,对荒野的亲切,是与生俱来的。但是,城市的发展使我们距离自然越来越远了。我们对自然的体验几乎变成了只是从火车的车窗向外看。

儿童活动的范围在城市化的世界里被挤压,孩子们在室内长大,还被限制在更小的空间里,如婴儿椅、沙发、汽车座椅。

本来由于身边缺乏原生态环境,甚至没有公园,父母没有时间陪孩子走出城市,就不得不与自然隔绝,而今天的网络游戏又进一步将孩子固着在房间里。

也许有父母会和孩子说:考试压力这么大,哪还有那么多时间去亲近自然？其实，亲近自然有助于缓解学校带给孩子的压力。

大自然促进身心健康

在一期猫头鹰青春营中，一个孩子在第三天下午最后提问的环节给我传了一个纸条："我无法专注地学习，总感到很疲惫，学不进去，怎么办？"我回复：那就去玩吧，到大自然中去玩，到森林中去玩，到海边去玩，去旅行，在这个过程中，你将恢复你的力量。在我看来，这就是自然的疗愈力量，帮助我们从压力中解脱出来，修复身心，提升专注力、创造力。户外运动之后，孩子回到房间里会更容易坐下来，会以更轻松、专注、饱满的精神状态来学习。

但是许多父母不懂这一点，他们在想怎么能让我的孩子去浪费时间呢？

大自然是现代高压力生活的减压器，对我们的生理健康、心理健康都有着非常重要的、直接而积极的作用。

大自然让孩子感到自身的渺小，激发他们思考世界。孩子在自然中玩耍，还可以提升批判性思考和解决问题的能力，提升自信和辨别力，学习与人互动。绿地促进了社会互动，让人得到了更多的社会支持，居住地邻近自然空间的儿童和父母所拥有的朋友数量，比其他孩子和父母高出一倍。

有研究显示，孩子的创造力和好奇心，在接触自然多了之后会得到更好的提升。我们应该鼓励孩子去大自然中创造性地玩耍，让想象力驰骋。

孩子看到的绿色越多，注意力就越能集中，冲动行为就越少，延迟满足的时间就越长。自然空间有助于我们减少压力，获得成功。

大自然可以帮助儿童拥有敏锐的感觉，如视觉、听觉、嗅觉、味觉和触觉。 孩子需要自然来开发感官，这有助于促进学习，提升创造力。发展心理学家埃里克森认为，创造力始于"孩童的自然天赋和自然精神"，蒙台梭利的教育中也强调了自然体验的重要性。

野外活动可以提升孩子的自信心、自尊心，增强独立性和自主性。 家庭露营活动可以从小锻炼孩子承担责任的能力，比如，上幼儿园的时候可以整理自己的背包，带自己的玩具；再大一点就负责露营中活动的筹备；而到了中学就可以承担全部工作了。露营给孩子带来很多成长的机会，有规划，有各种挑战，等等，孩子也很开心。

与上体育课，或者去健身房做正式运动相比，儿童在自由玩耍中所得到的身体锻炼和情感体验更为多样，而且更不受时间限制。在有树木的自然环境中锻炼的慢跑者，比在健身房中燃烧同样热量的人体验更好，同时焦虑、愤怒和抑郁情绪更少。

多项研究表明，学龄前儿童在大自然中玩耍有很多特殊的益处。孩子到了外面会变得更为好动，在一年中，经常在自然空间里玩耍的孩子的运动能力得分比其他孩子更高，特别是平衡性和敏捷程度更好。

世界卫生组织警告，缺少运动的生活方式是全球的公共健康问题之一，缺少运动是非传染性疾病的主要风险，它导致了全球 60% 的死亡和 74% 的疾病开销。以前的电视，现在的网络游戏、垃圾食品，与儿童的肥胖密切相关。

自然作家理查德·洛夫在《林间最后的小孩》一书中提到，接触大自然或植物能缩短创伤的恢复时间。病房窗外是树林的患者和病房窗外是砖墙的患者相比，前者更快出院。在密歇根州监狱，牢房窗户对着监狱院子的囚犯比窗户外是农田的囚犯患病率高 24%。在承受压力后，那些观看自然景观图像的人，在 5 分钟内就会平静下来，他们的肌肉张力、脉搏和皮肤导电性均大幅下降。即使在青少年的房间里放置自然风景的图片，也有助于他们更好地处理自己的情绪，更不要说进入自然环境了。

户外活动对于有心理健康问题的孩子具有明显的治疗效果。而人与自然不断疏离，对人类会造成各种不利影响，例如，更少使用感官、注意力难以集中、躯体和心理疾病高发。有研究表明，缺乏和无法使用公园等开阔地与高犯罪率、抑郁症等城市病存在关联。

接触大自然有利于提高孩子的认知能力、承受压力和抑郁的能力，减轻注意力缺陷引发的多动障碍。有研究显示，有学习障碍、自闭症感觉障碍、中度和重度的认知障碍、身体残疾、创伤性脑损伤等情况的孩子，在参加野外活动之后，表现出更好的主动性和自主性。

大自然对遭受创伤的儿童有巨大的帮助，是抚慰孩子心灵伤痛的良药,让孩子体验自然能够减轻诱发抑郁症的某些生活压力。时常处于自然气息浓厚环境下的儿童,更不容易因为生活中的压力事件产生心理问题。与住处附近缺少自然景观的孩子相比,住处附近有丰富自然景观的孩子行为障碍焦虑和抑郁的程度更低。

大自然为人提供有益的独处空间,疗愈人的正常心理磨损,还能提升人集中注意力的能力。一项针对芬兰青少年的研究表明,他们经常在苦恼时,走入大自然,在那里厘清思路,获得解脱。

不断涌现的证据表明,儿童的健康离不开大自然,我们可以不把亲近自然当作休闲娱乐,而是当作对健康的一项重要投资,无论对于孩子还是对于成人都是一样的。

大自然有助于我们内心平静。找一个景色迷人的地方坐下来,寻找能吸引你的自然景象,然后去观察,去冥想。我自己的一个习惯是,每晚关灯后立即想象一幅自然景观图,这可以让我很快入睡。这是我自己的催眠方式。

安全地亲近大自然

除了城市化、电子产品、学习压力对亲近大自然的阻碍之外,父母担心大自然中存在风险,也是阻碍孩子亲近自然的重要原因。

在城市里,许多父母禁止孩子在户外玩耍,因为担心孩子的交通安全、人身安全。让孩子躲在家里可以避开一些危险,但也增加了其他的危险,比如,损害了身心健康、人际交往能力、自信、对大自然的热爱，等等。

一些从农村来到大城市的父母，即使假期带孩子回农村老家，也不让孩子到户外，更不让孩子走远。在农村，孩子原本有机会走入田野，走入森林，那是他们的父母小时候尽情玩耍的地方，但父母现在却不让他们玩耍了。父母怕孩子涉水的时候溺水，爬山的时候摔倒，爬树的时候掉下来……而他们当初做这些事的时候，却毫无顾忌。

我们对森林充满了各种恐惧，而那里曾经是我们祖先熟悉和生活的地方。野外，总是充满着原始的力量，充满着馈赠，也充满着艰险。

如何理解和处理这些担忧？

风险无法回避，回避只会使孩子永远没有能力面对风险，赋权的方法是应该同孩子分享如何应对风险的经验和方法。同理，在赋权型家庭教育中，面对父母担心孩子进入自然的风险，我们也主张：教给孩子应对这些风险的能力，让风险可控。

如果我们保护孩子的做法，仅是将他们关在家里，那不是真正的保护。关在家里，禁止到有风险的地方去，这是本书开篇所讲的典型的规训方式，无助于孩子成长，也无助于他们真正避免风险。真正能赋权的方法，是让孩子到野外去，了解风险，学习如何应对风险。

在大自然中，可以培养孩子敏锐的觉察力。我们的耳朵是打开的，我们全身的细胞都是打开的。头顶的鸟鸣声，让我们神清气爽；风刮过的声音，也让我们的感官更加敏锐。我们可以学会判断哪里让人感到刺激，哪里有危险，哪里过于危险，在这个过程中，我们学会了评估危险。

虽然父母有理由担心孩子的安全，但要知道过分地将他们与自然分开，反而会危及他们的安全，我们可以通过让孩子接触自然来保障他们的安全。在大自然中玩耍，经历过风险，学习了应对风险的方法，在一定程度上能够让孩子变得更为安全。

换一个角度：大自然的风险意味着我们可以去挑战，去成长。所以，父母不应该只跟孩子说室外危险，还要跟他们讲室外能带给他们成长的东西，不要让他们感觉到周围的世界一切都是可怕的，那样他们就没有力量去探索世界。

你总有办法亲近自然

让孩子亲近自然的最佳途径，就是父母自己去亲近自然。只有当成人热爱户外活动，他们才会把孩子带到户外。父母可以带孩子与同样热爱自然的家庭结伴，一起去徒步。户外活动能够让孩子身强力壮，能够让孩子迎接更多的挑战，结识更多的朋友。

你也许会说："即使我们愿意，在今天钢筋混凝土的城市中，我们如何让孩子接触大自然？"

可以将我们说的大自然，先简单地理解为：户外。

这样一来，你就会发现，机会立即多了：居民楼下的一小片绿地，街心的小公园，可能离你住处略远的城市公园，近郊的公园，远郊的山野……"自然"是一个谱系，我们总有办法不断接近它，不断亲近它。

即使只是楼下的一小片绿地，也大有可为。比如，找一块废木板铺在地上，几天之后掀开木板，可能会看到许多小动物已经把这里当作家；蹲在树下，观察蚂蚁搬迁的样子；在雨后散步，看看爬出来的蜗牛们；在夜晚，站在路灯下观察虫子们聚集在一起的样子；下雨的时候到户外踩水坑；用树枝挖开泥土，看看下面的世界……

可以搜集树叶，夹到书里当作书签；可以在阳台上或者院子里布置一处自然的生态景观，种植一棵小植物；搜集各种各样的石头；等等。

在自家阳台上观察天空云彩的变幻，在居民小区的空地上支起一个帐篷，当然如果能够到郊野的公园里支帐篷就更好了。

可以观察四季不同的变化，让孩子自己写四季的故事、四季的歌曲、四季的诗歌，制作四季的手工艺品，等等。可以在秋天做落叶的标本，在冬天剪雪花的剪纸，在春天做鲜花的标本，而在夏天做昆虫的标本。

观察家旁边一棵树的四季变化。如果有条件，可以种植一棵果树，观察这棵果树的变化；如果没有种树的场地，至少可以在阳台上种植一盆豆角，观察它生长的过程。

在家中养小动物，也是亲近自然的另一种方式。前面我提到小时候邻居家大哥哥带我去老虎公园的几次，他是去给他养的兔子割草吃。他在居民楼下给兔子盖了很精致的窝，两进两出的"大房子"，我当时幻想过如果自己变小了，住在里面也很开心。看，我那时的想象力是鲜活的！

如果你对养宠物有各种担心，至少可以在鱼缸里养鱼吧？有研究表明，当人们观赏鱼缸中的金鱼时，血压会显著下降。拥有宠物的人很少患高血压，在心脏病发作之后也更容易活下来。

如果城市象征着文明，那它不应该远离自然，而应该通往更广阔的自然天地。

看世界去

我儿子从读小学一年级起,每年寒暑假,我们都带他去旅行。经济紧张的时候在国内旅行,经济宽裕之后便出国旅行。写这本书的时候,我儿子已经读博士了,每年寒暑假仍然会和我们一起旅行。

带着孩子去旅行,对孩子,对大人,都是非常有益的事情。旅行,包括接触大自然和游览人文景观,前者的重要意义前文已经说过,后者同样对孩子的人格成长发挥着重要的影响力。

旅行是一件花钱的事,但每个人都可以结合自己的经济条件安排适合自己的旅行。坐公交车,去所在城市的古迹、名人故居、博物馆,也是旅行。所以,比金钱更重要的是拥有一颗热爱旅行的心,一双随处、随时能够发现新世界的眼睛。

一位旅行者说得好:"旅行,是行走的教育、最有价值的投资,是让孩子与父母一起成长的独特模式,是没有边界的教育。"

带孩子旅行的十大理由:

1. 增长见识。所谓"读万卷书,行万里路",出门旅行绝对是孩子开阔视野、增长见识的重要途径。平时,家与学校之间的两点一线,使孩子的视野过于狭窄,而旅行是一个改变的机会。准确地说,旅行不是单纯的"玩",而是一次在行走中学习的过程。在旅行的过程中经历各种问题,见多识广,就会逐渐培养孩子承担责任的态度，同时也开拓他们的思维。

2. 热爱人生。一个见多识广的孩子，将是一个更加热爱人生的孩子。在旅行中，会感受到世界的广博，生活的多姿多彩，而不再只是枯燥的书本知识。孩子的身心在旅行中得到洗涤，他们的精神世界将变得宽广，他们对生命的热爱也将增强，对人生将更加积极。这些都是培养一个人格健康的、全面发展的孩子所必需的。

3. 增进胆识，承担责任，开拓思维。"登泰山而小天下"，在旅行中，体会世界的丰富多彩，同时还要面对各种突发情况。孩子不再是"温室里的花朵"，而要到旅途中去锻炼。仅仅是连续多日的旅途奔波，对孩子就是一种考验与历练，再疲劳也要跟上队伍，再挑食也要吃当地的饮食……孩子应该参与到旅行的安排与计划的实施中，比如，制订行程路线、交通路线，安排饮食、统筹全部开支。

4. 培养孩子的爱好。旅行有助于培养孩子的爱好，如摄影、收藏。我儿子正是在旅行中学会了使用单反相机，学习了很多摄影技巧。旅行中的见闻，甚至可能影响孩子此后的一生。中国第一位女建筑学家林徽因，少年的时候父母带她去欧洲旅行，她目睹欧洲的建筑，深深地爱上了建筑学，这直接促成了她此后致力于建筑学。

5. 热爱自然，提升审美。旅行是提升审美品位的过程，无论是山之雄峻，还是海之广阔，云之变幻，林之深奥，都是一种对大自然的审美。旅行会使孩子更加热爱大自然，也会提升他们的审美趣味。

6. 探索，求新，求知。旅行可以增长见识，这是大家都知道的。但是，必须是有准备的旅行，事先带领孩子对旅行线路上的知识有所了解。如果是出国旅行，还会让孩子感受到外语的氛围，体会到学习语言的重要性。看过山川和大海的孩子，不会局限于一屋之内；经过历练和磨难的孩子，不会局限于一时之困。

7. 认识社会。旅行中见识各种各样的人，从旅行的同伴，到导游、司机，到当地的小贩，甚至到问路时遇到的或冷漠或热情的当地人，还有各行各业的人，也许这些对成人算不得什么，但能够使孩子近距离地接触社会的千姿百态，使他们对社会更加了解，也将影响到他们的人生观。

8. 增加亲密相处的机会，培养亲情。平时父母工作、孩子上学，一家人一天能在一起相处的时间太少。旅行的时候，全家人整天在一起，从早到晚，一刻也不分开，一起分享快乐，一起分担辛苦，体会温暖而幸福的亲情。在这种融洽的氛围中，父母和孩子可以尽情交流，彼此更加了解和亲近。如果孩子小，当下可能对亲情的感受还不深，但是这将长远地影响到亲子关系。带孩子旅行，要尽可能全家人一起去，尽可能带上孩子的祖父母、外祖父母一起去。

9. 放松身心，娱乐时光。孩子辛苦了一学期，出门旅行是最好的放松和奖励；父母辛苦了半年，出门旅行同样是最好的休假。所以，通过旅行放松身心、享受娱乐时光这一点，对父母和孩子都是一样的。有父母说，出门一玩，孩子的心都散了，作业也耽误了，影响开学后的状态。其实不然，如果不出门旅行，孩子要么被送进各种课外班,要么每天在家里看电视、玩游戏,更有可能影响学习的状态。而孩子在外面旅行中放松了身心,回到家可以更好地把作业补上。旅行绝对不会影响孩子的学习。

10. 让课本变得生动起来。 没错,旅行本身就是一次复习功课的过程,那些历史、地理课上讲过的知识,那些语文书中诗词涉及的地方,在旅行中都能身临其境。"纸上得来终觉浅,绝知此事要躬行",当孩子到达课本上涉及过的地方旅行时,他们会觉得更加兴奋。旅行中,还可以鼓励孩子记下旅行日记,包括见到的风土人情,也包括自己的思考,这不仅可以促进他们思考,还可以增加作文素材。也许这个假期的作文作业,就这样完成了!

练习

1. 如果孩子还在读幼儿园,让他到海边,到湖边,到森林的空地上自由地玩耍吧。不要怕他弄脏衣服,不要关心他做的事是否有意义,不要帮他做事,不要催他回家。

2. 如果孩子是小学生,让他安排一次周末一天的旅行,去他想去的地方,安排交通方式、行程、预算、餐饮等一切事情,并且让他准备自己随身携带的物品。

3. 如果孩子是中学生,让他安排一次十天的寒暑假旅行,去他想去的地方,安排路线、时间、交通、预算、餐饮等一切事情,并且让他准备自己的行装。

孩子与生俱来的宝藏中，求知欲、进取心、生命力等都与远大的人生理想相关。这些宝藏很容易被对考试成绩的过于关注、"不要好高骛远"的"谆谆教诲"所毁掉。

规划远大的人生理想，可以激活宝藏，让孩子真正发自内心地积极进取。

志存高远，才能目标明确地积极向前，才能不被眼前的挫折击倒。

远大理想，与眼前的考试成绩并没有直接、必然的关系。人的一生是一次马拉松，中小学阶段的考试成绩并没有想象得那么重要。所以，远大理想的树立，不要变成规训孩子考出好成绩的手段。

但是，因为有了远大理想，孩子通常会更加自主地学习。这时，他们不是为了父母学习，不是为了考试学习，而是为了自己的梦想学习，积极性、自主性、效率，自然就会非常高。

11

魔法8：远大理想

远大理想，是人生的灯塔

埃里克森认为，青少年时期重要的发展任务是建立自我同一性，即回答三个问题：我是谁？我的价值是什么？我选择的未来生活方向是什么？

父母要早早地在孩子的内心播下一粒种子，即：我的人生将如何度过？我将成为什么样的人？

人生目标培养的过程，也是建立自我同一性的过程。而自我同一性程度高的青少年，更有进取心，更会自我管理。有远大目标的孩子，更容易坚实地走好眼前的每一步。

即使是一个上幼儿园的孩子，也会通过阅读、观察，了解到这个世界上有哪些职业，有哪些不一样的人生。父母可以从孩子小的时候就开始和他探讨：你希望人生如何度过？

这种探讨，绝对不是给孩子压力，比如，你要成为有钱人，你要成为有权势的人，你要成为名人。如果这样探讨，就是规训了。

人生目标的探讨，是协助孩子一起展望未来。

每个孩子天生都具有进取心，都会幻想自己也成为书中、电影中的伟大人物。

曾经有一次，我带领的猫头鹰性教育营在结营的时候，一个六七岁的男孩送给我一张纸，上面随意涂画着一些我看不懂的符号。他认真地对我说:"你保存好,过三十年,可以用它换很多很多钱,因为我会成为伟大的人物。"

还有一次,在一个名人故居,我听到一个跟着妈妈参观的八九岁的女孩说:"再过几百年,咱家的门外也会挂上一个牌子,上面写着我曾经住在里面;就是在这里,人们也会向游客介绍说,伟大的我曾来过。"

孩子的童稚话语,就是他们与生俱来的进取心、生命力等宝藏的呈现。但是,父母可能对此一笑了之,甚至讥笑,那就是在毁灭他们的宝藏。

赋权型的父母应该做的是,蹲下来,认真地说:"真棒!我相信一定会的。你准备怎么实现这个目标呢?"

我在五六岁的时候,有一天,偶然听到广播里在介绍鲁迅,我当时就想:将来我也要成为这样一个被别人夸奖的作家。很多人嘲笑我的理想,说我"好高骛远"。但是,我最终实现了自己的理想。

青春期的孩子,就更加拥有无限的理想了。在某种意义上,青春期就是做梦的年龄,就是幻想的年龄,就是激情澎湃地展望未来的年龄。

在十五六岁时,孩子开始渴望卓尔不群,渴望个性化。他们开始幻想自己成为伟大的人物,为人类作出贡献。这个年龄段的孩子经常高估自己的能力,这不重要。重要的是,父母不能扼杀孩子的理想。

父母应该积极赞赏孩子的想法,鼓励他们完善自己的人生规划。有的孩子的理想看起来不太现实，记住：这只是你的看法。<mark>要永远赞赏孩子的理想。理想是人生的灯塔，可以让我们更明确前进的目标。有理想，就一切皆有可能。</mark>

<mark>孩子有理想，父母就可以借机引导他。</mark>比如，规划实现这个理想应该走的路，预测途中可能遇到的困难，以及思考解决困难的办法。在这个过程中，孩子便会认识到他当下需要优先解决的问题是什么。

曾经有一个青春期男孩的妈妈向我咨询："我儿子可能有些妄想症，总说自己会发明伟大的机器，改变人类的命运。还说什么，如果地球毁灭，即使别人都死了，他也不会死，因为他是伟大的人，一定有人来救他。"

我问这位妈妈："孩子说这些时，您说什么？"

她说："我告诉他：你这是不切实际的胡思乱想。"

我告诉这位妈妈："孩子所说的，在他这个年龄都是正常的。你应该对他说：你有幻想，有理想，这是好的，妈妈为你骄傲！"

如果一个人在青春年少时没有狂妄自大过，没有不知天高地厚地幻想过，他的青春就是欠缺的。

当然，<mark>父母鼓励孩子树立更高远的人生目标，可以引导他结合自己的兴趣爱好，进行更明确的定位。</mark>像我年幼时树立的目标是成为作家，我儿子十岁前后树立的目标是成为科学家。

在猫头鹰青春营中，第一天早晨，我让孩子们做的第一件事，便是写下"二十年后我希望自己成为什么样的人"。无论他们写下什么，我都会祝福他们可以实现理想。无论目标是成名成家，还是普通人，都是好的。我也会告诉他们：我们的人生中充满了选择，要慎重对待每一个选择。

这就为我们后面要讲解的"赋权三步"（分享信息、推动思考、尊重选择）中的"尊重选择"做好了准备，因为有了远大理想，所以孩子会懂得每次选择的一个重要依据：是否有助于实现远大理想。

在那期猫头鹰青春营后面三天的营训中，每当面临选择，我都会提醒他们：想一想，如何选择才有助于你实现自己的人生理想。

所以，远大理想是我们人生中做选择的重要依据，是我们的指路灯塔。而如果人生失去目标，就如失去目的地的轮船，只能在海中徘徊、焦虑。

警惕：远大理想，成为规训的手段

对"远大理想"这根魔法棒的错误使用，会给孩子造成新的压力。

有人说："我们只需要鼓励孩子做他们喜欢的事情，而不一定要给他们定一个目标，否则会成为他们的心理负担，有很多孩子就是在父母给的目标压力下变得抑郁的。"

这样的担心是有道理的。但是，"远大理想"这个魔法绝不是要给孩子施加压力，因为那是规训，而我们是用它来赋权的。

别人加给的任务，才是压力。自己理想的方向，从来不是压力。

树立远大的人生理想，是给孩子一个认识自我、探索自我和世界的机会，是让他们自己去形成一个向往。

孩子的远大目标绝不等于父母为孩子设立的目标，父母规划孩子的人生，很容易变成望子成龙式的规训，只会给孩子压力。远大理想应该完全交给孩子去规划，去设计，这有助于他们去发现自己热爱的事物；有助于他们意识到：自己的人生是可以由自己主宰的，必须对自己的人生负责。

与对远大理想的担心相比，许多父母却并不吝啬对孩子现在的考试成绩提出要求，这才是真正的压力和规训。这些当下的"任务"才会让孩子焦虑和抑郁。树立远大的目标之后，孩子会重新看待学习的意义,当下的学习会变得轻松。上学读书的意义,绝不应该只是考试成绩,而应该是:读书可以增长知识,让我们了解丰富多彩的世界,认识很多同龄的朋友,学会处理人际关系,学会学习的方法,让我们知道怎么经历人生,最重要的是可以享受成长的乐趣。

所以,规划远大的目标恰恰可以让孩子在当下的考试压力下看到光明的未来,这绝对不是给他压力,也不是要很早地制订一个计划来压迫他,而是提出一种前瞻意识。

当我们鼓励孩子规划远大目标时,并不希望他把目光只落在当下的某次考试成绩上,只落在考上哪所好大学上。虽然考上好大学是许多父母对孩子最重要的期许,但在我看来,这是非常短视的。这样的目标不足以让孩子真正热爱学习,也不足以让孩子学会对自己的人生承担责任。

远大目标也不一定是建功立业,定目标的意义,只是让我们心中一直有梦。

重要的是,远大目标的形成,不是坐在那里制订一个计划,而是在对世界的自由探索中,在"读万卷书、行万里路"的过程中形成的。这是孩子内在动机的呈现,是对他与生俱来的好奇心、求知欲、进取心、生命力等宝藏的挖掘。

当然,每个人的成长过程中都可能多次改变人生规划。不要担心变化,变化的过程也是不断认识自我的过程。

我们鼓励孩子早早制订人生目标,不是一定要实现这个目标。我们也要告诉孩子:你可以心怀理想,但不必计较得失,因为人生就像一场旅行，重要的是看旅途中的风景。

当我们志存高远之时，就会信心十足地前行。在一个孩子对自己的人生有规划的时候，他就会更热爱人生，就会更积极进取，就会更慎重地走好人生每一步。

一个心中有理想的孩子，即使有短暂的时刻偏离了主途，也终将会回来。心中有梦的孩子，人生绝对不会差！

> 故事

儿子想成为科学家

我儿子上幼儿园的时候，读过一本有关职业角色的绘本后，我便和他讨论：你希望成为什么样的人？

一开始他对这些似懂非懂，但他会和我讨论：某个职业是什么意思？哪个职业能够吃到好吃的东西？在这些童言无忌的讨论中，孩子对人类社会有了更多的了解，我也可以借此传达我的价值观。

到读小学高年级的时候，他明确了自己的人生理想是成为科学家。

如果说，儿童少年期就已经形成一个远大目标，青春期则要将这个目标具体化了。儿子读高中时，遇到一位生物老师，激发了他对生物科学的兴趣。这是目标的再次明确。所以在申请大学时，他选择的专业是生物与环境科学。而到了选择研究生方向的时候，他的兴趣已经具体到环境健康科学。

到了更具体化的专业选择时，不是简单对外在的利益评估的结果，而应该是结合个人的兴趣、特长、社会的需求，甚至申请学校的机会，进行综合评估。

我看到过许多大学生，因为父母的压力，或者填报错了志愿等因素，最终进入了他们原本不喜欢的专业，学习时非常痛苦，或者学习成绩非常差，或者费尽心机转了专业。有人最终从事了自己不喜欢的工作，一生对自己的职业不满意，工作成为负担，更不可能作出成就了。

所以，要给孩子时间，去探索、体验自己将要选择的领域。要有一个测试的机会，必要的时候，甚至可以进行职业规划的测试。

练习

现在就问一下你的孩子：二十年后，你想成为一个什么样的人？从事什么职业？你计划如何实现这一目标？

"赋权三步",是指孩子面临任何问题的时候,我们推动他去思考、判断、选择、决策。而思考、选择,依据的便是自己的远大理想。如何选择,才能够有助于实现远大理想,如何选择,会使自己与远大理想失之交臂。这个过程,就是增能赋权的过程。这三步分别是:分享信息、推动思考、尊重选择。

我们相信每个孩子都具有与生俱来的、积极向上的八大宝藏,并且父母也努力应用了八大魔法,所以,经过"赋权三步",我们相信孩子会作出对自己和他人负责任的人生选择。

要强调的是,深度陪伴、积极倾听,也是贯穿"赋权三步"始终的重要内容。

"赋权三步"之后,就要做到"自主选择、自我负责"了,做好如果跌倒就要自己爬起来的准备。当然,父母也可以在孩子跌倒的地方,助他一臂之力,扶起他!

12
"赋权三步"

分享信息

面对一个事物,父母不是将自己的态度强加给孩子,而是应该尽可能全面地分享给他们关于这个事物的所有信息,让孩子自己去思考和选择。与此同时,孩子也可以将自己掌握的信息分享给父母。孩子不主动分享的时候,擅于积极倾听的父母也能够了解他们的心声。

这是在双方平等、相互尊重基础上的充分分享,而不是单方面分享。单方面的分享,很容易变成规训。

我们这里主要讨论父母分享给孩子的信息。父母给孩子的信息,应该是全面的,既包括正向的,也包括反向的。所有的思考,都是基于信息的思考,只有充分了解了与这个事物有关的一切信息,我们才能分析、判断、选择。所有的选择通常都是在"两难"中的选择,而最有价值的选择也一定是经过反复比较、综合思考、权衡利害的。这些都是需要基于不同的信息进行的。信息越丰富,越多元,越有可能作出利益最大化的选择。而如果只有正向或反向的信息,我们就会被误导,导向单一信息指向的方向。

所以,做选择必须基于多元信息。越是激烈对立的信息,越有助于我们思考,越能够促进我们成长。

如果父母只给孩子提供正向或反向单一的信息,那就无法促进他们客观公正地思考,更不可能成长。这样的信息提供的动机是值得怀疑的，背后往往是父母希望通过其提供的信息引导孩子的选择。

我们的生活中充满了这种片面的"信息提供"。比如，父母不想让青春期的孩子谈恋爱，便只给他们讲一堆恋爱有害的信息，如影响学习、被骗受伤。父母将青春期恋人共同学习、共同成长的信息隐藏起来，试图以此让孩子远离恋爱。这种做法仍然属于规训式的教育，虽然没有直接禁止孩子恋爱，但在用恐吓的方式让孩子远离爱情，在"引导"孩子作出父母希望他们作出的选择。用这种方式规训孩子的父母，当孩子作出与他们期许不一致的选择时，通常会立即变脸，不再掩饰，直接出面禁止了。

当然，父母也并不会一直在所有问题上都手握多元信息，父母又不是互联网。甚至互联网上的信息许多时候也是以偏概全的，比如，处于社会污名化的人或事物，呈现在公众视野中的关于他们的信息，注定都是负面的。

当父母拥有的信息不足以分享给孩子的时候，父母能够做的，是陪伴孩子一起去寻找、获取多元信息。在这个过程中，父母会发现面对这些信息的时候，自己和孩子一起学习，一起成长。

同时，父母可以把自己的价值观，甚至自己的建议告诉孩子。我们反对规训，不反对父母像朋友、顾问那样，对孩子分享自己的看法。毕竟，父母的价值观、建议，也是"多元信息"的一部分，也是孩子应该了解的。只是，父母只提供自己的态度，不强加选择给孩子。

如果有可能，父母还可以引进更多的人参与信息分享。青春期的孩子习惯了父母的声音，另外一个成人的声音会让他们更认真地对待，比如，父母的同事、叔叔舅舅之类的家人。这些成人通常不会对孩子采取规训的态度，所以孩子更容易受这些人的影响。如果这些成人与父母的观点一致，孩子有可能倾向于确认父母的看法是对的。

孩子从自己的渠道得到的不同信息，也可以呈现给父母。孩子已有的信息，不一定是不重要的，他们的信息可能来自自己的生活、自己的同龄群体，在思考他们自身议题的时候，也许比父母给予的信息更具有价值。

分享信息，是帮助孩子从不同的角度看这个世界。

自我曝光

分享信息时可以使用的一种技术，是自我曝光，即和孩子分享你的经历。你的经历也是信息。你的尝试、冒险、失败、收获，都可以分享给孩子，不要显得那么功利，没有必要加一句：你可不能像我这样。

当你讲述自己的经历时，你的经验已经自然地传给了孩子。你再加一句，就有规训的意味了，可能就招惹孩子烦了。你讲的是故事，所有人都爱听故事，他们会认真聆听，也会受故事的影响。

替代选项

分享信息有一个特殊的技术，那就是提供替代选项。

替代选项不是强加，而是用新的选择本身的吸引力来使孩子改变决定。

当我们告诉孩子碳酸饮料有害的时候，是分享信息。但如果我们同时提供了一瓶鲜榨纯果汁，这也是分享信息，这个信息是：这个是无害的，可以选择的。

如果有了这样的替代物，就有助于孩子作出选择。否则，在碳酸饮料和白开水之间，孩子即使理智上知道前者是不好的，但感情上接受不了后者，就会选择前者。

同样的道理，想减少孩子玩电脑游戏的时间，只分享如"影响学习"之类的信息是不够的，让孩子放弃电脑游戏去学习功课也是不对的，因为那是剥夺他的休闲时间。人是需要休闲的，所以还要加上阅读、运动、旅游等诸多选项。

我儿子在小学一年级的暑假，有些天从早到晚看电视，我就陪他阅读，他最终开始并且热爱上了阅读。用一些更积极、有意义的事情替换掉孩子正在做的一些可能伤害到自己的事情，那些事情一定要对他更有吸引力，是他喜欢的，他才可能作出替换的选择。这个替换的过程不是父母强加的，只是父母提供的选择，父母不要太着急，要让孩子评估好了，开心地、自愿地完成替代。

故事

儿子想长高个子

在我们家，我的个子比较高，我妻子的个子比较矮，奶奶等家人都希望我儿子长高个子，一家人平时聊天会说些"长得像你爸爸那样高"之类的话。于是，儿子从小便盼望自己也能长高个子。

儿子两三岁的时候，我们希望他养成早睡的习惯，便和他分享充足睡眠的好处，主要是健康。

儿子也会和我们说，他想再玩一会儿。但这个"一会儿"可能就很晚了。他其实也在分享早睡觉的坏处：少了玩耍的时间。

我们继续分享早睡觉的好处，其中一条便是：会长高个子。因为有前面长高个子的期许，这个理由明显触动了儿子。他立即接受了这个信息，决定早睡觉。之后，儿子的睡觉从来不是个问题，整个小学阶段，几乎都是在晚上 9 点之前就入睡了。

反观这个过程，我们完成了赋权三步中的第一步分享信息：早睡觉——长高个子。他在"早睡觉——长高个子"和"晚睡觉——更多娱乐时间"中进行了思考和选择，最终选择了早睡觉。毕竟，他成长的过程中从来不缺少娱乐时间。

试想一下，如果我们用规训的方式，强行要求他每晚 9 点前睡觉，几乎是不可能顺利地执行到小学毕业的。

一些父母为了让孩子早睡觉，用"再不睡，大灰狼就来捉小孩子"的故事吓唬他们，这是试图控制孩子的规训式方法。

儿子读高中时，个子就长得比我还要高了。

推动思考

分享信息的同时，通常推动思考也已经启动了。

面对多元信息的时候，我们的思考自然会被激活。我们会纠结何对、何错，会反复评估哪一种选择可以将自身利益最大化。

这个思考过程又不仅仅是针对信息的分析。我们的面前有许多条路，没有哪条路会适合所有人。所以在分析信息时，还要结合自身的情况。这条路，我能走通吗？适合我吗？即使同一个人，也会有适合他的不同的选择，或者在不同的时间点最适合的选择。

有时我们会面临选择困难，没有关系，这是最好的成长机会。困难推动思考，推动抉择。这个过程是思考能力提升的过程。

有父母担心：我的孩子这么小，有思考能力吗？

孩子的思考能力不是天然具有的，是在实践中锻炼和成长的。只有鼓励他们更早、更多地开始思考和选择，他们的思考能力才能够不断增长，这就是增能赋权的过程。

孩子面临选择的时候，通常只看到某个选项的优点，而看不到它的风险。在猫头鹰青春营中，我们讨论有一份情感应该如何选择时，学生们作出了选择，我会问他们为什么这样选择，这样选择的优点是什么，他们都可以说出来。但是，如果问这样选择的风险，他们就说不出来了。

这时，便是包括父母在内的教育者发挥作用的时候了，我们可以推动孩子去列举出每个选项的优点和风险。只看到优点，看不到风险的选择，不是真正的选择。但遗憾的是，在缺少赋权训练的孩子那里，这是常见的情况。所以，这更说明了赋权的重要性。

看到风险还是不够的，还要列举出如何应对可能出现的风险。只有这时，我们才知道自己是否有能力面对这个选择的后果。

当孩子的思考再次受阻的时候，父母也可以启发孩子，比如，和孩子一起探讨。孩子经历的事情少，想问题比较简单，所以需要父母的引导和启发。父母应该支持孩子去摸索，去成长。这就是赋权型家庭教育要做的。

这种推动思考的训练不是在面对重大议题时才需要，而应该在成长的每一天中进行。当在日常生活中足够小的事物上积累了经验，养成了习惯，面临重大议题时，这个思考的过程才会自动启动。

父母在这个阶段的责任，就是努力推动孩子进行思考，帮助他们拓展思考的领域，不要受到任何力量的禁锢。

推动思考的时候，父母不要设想好希望孩子回答的答案。那样其实也是以规训之心在推动赋权，你自己会受挫。如果孩子和你设想的不一致，你会受挫，还可能会将受挫的不满情绪加给孩子，成为规训。

有的父母会问："如果明明知道怎么选择才是对孩子的利益最大化，还有必要推动他们自己思考和选择吗？为什么不直接告诉孩子应该怎么做？"

这就又回到我们在本书开始讨论的规训的思维方式了。这样做只会带来孩子对父母的反叛和戒备，而不是成长。

当孩子列举出的解决问题的选择比较单一的时候，父母也可以进行开放式、启发式的提问推动孩子思考，比如，"还有别的方法吗？""我们一起想一想，还有别的选择吗？"

在这样的启发下，我们无须为孩子遇到的问题寻找答案，孩子自己会想出解决问题的方法，这些方法经常会超出父母的预期，甚至是父母自己都没有想出来的。

在这个过程中，父母的积极倾听非常重要。父母要自始至终尊重孩子的思考。父母显示出对孩子解决问题能力的信任，孩子会感到自己被信任，他们更有能力作出值得信任的行为选择。

推动孩子思考，这是一个很重要的智力训练。每个人都乐于执行自己亲自思考后作出的选择，而不是别人强加给我们的选择。

辩论

辩论是非常好的推动思考的技术。

青春期的孩子开始热衷于与人辩论，这是好事。辩论会促进大脑的发育，辩论也是多元思想呈现的过程。父母可以利用孩子喜欢辩论的特点，进行增能赋权。

但是，一定要注意：要使辩论尽量具有逻辑性，而不是全凭着感情冲动。

在猫头鹰青春营中，从第一天开始，到第三天结束，我都会安排许多"辩论"的环节。我通常会选择原本就有争议，而且需要更多逻辑思考的话题进行辩论，这样才更有助于孩子思维能力的提升。

父母可以同孩子进行辩论，但要事先规定，并且严格执行辩论规则，比如，不能使用父母的权威压制孩子，双方着急时都不能使用攻击性的语言。

辩论本身也是一种交流。辩论会让我们听到别人的声音，倾听别人的想法和感受，这对于我们的思考和成长非常重要。

故事

儿子不坐过山车

我儿子读初中的时候，有一次同学们去游乐园玩。我们担心他玩一些危险的项目，比如过山车。我便和他分享了我的担心：我承认坐过山车非常刺激、有趣，但是，也很危险，希望他慎重评估、选择。

那天回来之后，他告诉我，所有同学都坐了过山车，甚至所有女生也都坐了，只有他一个男生没有坐。他说："我看着就危险。他们坐过的人也被弄得全身很疼。我才不坐呢。"

我非常欣慰他的选择。

我不知道他做这个选择时，是否面对同伴压力，甚至男性气概被质疑的压力？他又是怎么战胜这些的？

现在，我们一家三口每年都会多次一起外出旅行，他负责旅途的全部安排，他总是避免任何风险，但不错过旅途中精彩的风景。

尊重选择

并不是每一次思考都会导向利益最大化的选择。孩子有时会被欺骗性强的信息误导，进行思考的大脑还可能"短路"，从而"迷路"。不只是孩子，成年人也一样。

在"赋权三步"中，父母的影响力主要发生在分享信息和推动思考的阶段。当孩子作出选择的时候，父母就要尊重他们的选择，即使他们的选择违背你的期望，你也不应该强行改变他们。你唯一可以做的，是接受这些选择。

如果你不尊重他们的选择，那整个赋权的过程不就又变成了一场"假赋权"的表演吗？和你的期望一致，就尊重他们的选择；和你的期望不一致，就干涉他们——这只是一场打着赋权名义的闹剧，是一场伪装的规训，最终"图穷匕见"。

问题来了：如果父母明明知道孩子作出的选择是错误的，也要尊重他们的选择吗？

要回答这个问题，需要先回答如下四个问题：

1. 你不尊重他的选择，他就会听你的吗？他会按你的意见办吗？这就又回到规训的效果上了。

2. 即使他听你的，按你的意见办，这不是他心悦诚服的选择，他会不会阳奉阴违，表面一套，背后一套？那时，你不了解真相，如果他走上歧路也一定会瞒着你，他跌倒受伤了你也不知道，你想帮他都帮不了，你愿意看到这种情况吗？

3. 你认为是错误的选择，就一定是错误的吗？你就没有做过错误的决定吗？这一次你的看法为什么就一定是正确的？而且，每个人的能力不一样，对你来说是错误的选择，对孩子也许就是正确的。千万不要以为你很了解你的孩子。

4. 如果你强行把自己的意愿加给孩子，孩子一定会反感、憎恶你，你们亲子间的关系被破坏了，这值得吗？

对这些问题的回答，其实仍然是在思考规训的无益甚至有害的效果。

所以，即使父母认为孩子做了错误的选择，也要尊重他们的选择。这样才能避免重蹈规训的覆辙。

一些父母一定会因此感到非常焦虑：看到孩子要跌倒，就真的什么都不做了吗？

我有三条建议：

1. 如果孩子的选择确实到了让你寝食难安的地步，那么可以再次把你的经验、你的担心，作为"信息"分享给他，这等于再次启动了赋权的三步骤。但是，一定要告诉孩子：父母现在说这些，不是反对你的选择，而是确实看到这个选择有一定的风险，我们希望你再考虑一下，如果你最后仍然坚持，我们也会尊重你的选择。注意，这里提前告知的"如果你最后仍然坚持，我们也会尊重你的选择"具有非常重要的意义，它彻底避免了再次启动赋权三步骤可能产生的"假赋权"的嫌疑，也会让孩子感到真正被尊重，而在真正被尊重的前提下，他们更可能作出对自己负责任的选择。

2. 再次启动"赋权三步"后，如果孩子仍然坚持原来的选择，父母千万不要再反复地一次次"启动"三步骤了，你这种不达目的不罢休的劲头就是彻头彻尾的规训。这时，你要做的，只是随时准备拥抱因为自己的选择遭遇挫折的孩子。

3. 当确认孩子作出一个危险的选择，父母表示尊重他的选择的同时，可以跟孩子一起做一个安全计划，这个安全计划显示你已经接受了孩子的决定，只是在帮他完善这个决定。这样的安全计划，通常孩子是乐于接受的。安全计划中应包括：可能遇到哪些风险，如果遇到了怎么办；遇到挫折、失败时，要让爸爸妈妈来帮你，不要瞒着我们。这个安全计划不是恐吓，不是变相的规训，而是让孩子感到被支持，可以更有信心地去实施自己的选择，同时也让父母更安心，知道孩子会将自己视为随时可以回归的安全港湾。

所以，如果你真担心孩子的选择可能带给他伤害，让他跌倒，那么你就到他可能跌倒的地方，等着扶起他！

没有人可以保证自己所有的选择都是正确的，成年人也不例外。但是，如果有人在我们跌倒的地方等着扶起我们，这跌倒的经验也将成为一种认知的财富，而不会带给我们一蹶不振的创伤，我们就不会真正"跌倒"。

好父母要做的，绝不是禁止孩子走自己选择的路，而是随时等着扶起可能跌倒的孩子。我知道这很困难，但是，这是唯一正确的选择。

有父母又说了:"如果孩子掉进深谷呢?"

几乎所有掉进深谷的孩子,都是父母规训,甚至家暴的结果。爱与包容、增能与赋权,绝不可能让任何孩子掉进深谷。

有些父母认知中的深谷,其实是孩子前进路上必不可少的小坑。你不让他在这些坑中跌倒再站起,积累经验,丰富见识,他才有可能在未来掉到真正的深谷里,爬不出来呢!

有一位家长问我:"如果孩子选择去杀人,我也要尊重他的选择吗?"

我的回复是:没有哪个杀人犯杀人之前,会问一下父母是否同意。这种担心是基于"性本恶"的思维,不相信孩子有积极向上的力量,不相信孩子渴望幸福美好的人生。一句话:不相信孩子有八大宝藏!

赋权是真正尊重孩子,是给孩子最大的爱。而在爱与尊重的温暖中,孩子内在的力量、积极向上的力量、对美好人生的向往,都会被激活。他们为什么会选择杀人或者自杀呢?

一个感到安全、幸福、被接纳的孩子,他的进取心是向着主流社会的道德标准的,因为进取心的背后是渴望被接纳。这样的孩子不会杀人。孩子行为不当是因为他没有归属感,他只是想找到归属感。

更何况,杀人是侵犯别人权益的,是违法犯罪的,所有侵犯别人权益的事情,都不存在"尊重选择"的情况。也就是说,尊重选择也是有界限的,或者说是有底线的,那就是:不能做违法犯罪的事情。

只有习惯于规训的父母才会问出"孩子选择杀人，我也要尊重他吗"这样的问题，因为他们不相信孩子。但是，他们的规训、控制、暴力，才真的可能让孩子杀人或者自杀！

当然，"赋权三步"中的尊重选择，一定是孩子自己的事情。如果是涉及其他家庭成员的事情，就要全体家庭成员共同决定，一起讨论，达成一个共识。任何人都不能替别人作出选择，虽然通常是父母替孩子选择。

我这里说的涉及其他家庭成员的事情，绝不包括诸如"你是我儿子，你的一切都涉及我"这种"涉及"，而是共同居住的房屋是否买卖，全家人一起去哪里旅行，等等，这些直接与家人有关的事情。

父母尊重孩子选择的同时，也意味着让孩子承担后果。"赋权三步"是一个自主选择、自我负责的过程。即使是赋权增能之后，我们也不能保证最后选择的结果一定是好的，挫折和创伤一样可能出现。父母能做的，是鼓励孩子承担责任，不要代替他们承担责任，这样他们才能更好地反思、改进、成长。

自主选择、自我负责

我在前文已经说过，"赋权三步"还意味着，孩子要"自主选择、自我负责"。

父母尊重了孩子的选择，孩子就更应该慎重地进行选择。事实上，被充分尊重的孩子也确实会更慎重地选择。他们知道，这是他们的生活，他们要对结果负责。

这是一个良性循环。

当我们有权力的时候，我们往往都会更慎重地行使权力。

任何人的选择，都不可能保证结果永远是好的。"赋权三步"的过程，因为有对每种选择结果的评估，选择者更懂得要承担结果，知道如果跌倒了要如何爬起来。

是的，他们必须靠自己爬起来，当然这并不影响父母有时伸出手拉他们一把。

"赋权三步"举例：到大河中游泳

情境：

你的孩子在夏天想去一条大河里游泳，而去年还有人在这条河里淹死。你觉得这非常危险。这时，你怎么做？

规训的方式：

"河里水深，水急，你不想活了？"

"去年刚有人淹死，你要想死就去。"

"不许去。你去了，就别回家。"

"你这么大了，怎么一点不让爸妈省心呢？大河是游泳的地方吗？"

…………

注意，规训时，通常使用的都是"你"的语言，即"你如何如何"，直接指向对方，让对方感觉受到攻击，引发不良情绪，拒绝倾听反对的声音，甚至产生对抗行为，结果可能将孩子置于更大的危险中。

赋权的方式：

第一步：分享信息

确保呈现的信息是多样的，不是偏颇的。

应用"深度陪伴"的魔法，理解孩子想去河里游泳的心情，这一定非常刺激，非常有挑战性，感觉也非常爽，在大自然中游泳和在游泳池中游泳，具有完全不同的心理体验；

找出这条河水流、水深的数据，分享给孩子；

找出去年有人溺水死亡的新闻报道，不加强迫性地分享给孩子；

告诉孩子，你们爱他，非常非常爱他，担心他的安全；

找出其他更适合游泳的地方，作为替代选择；

一起去找安全的水域、他也喜欢的水域玩水；

……

第二步：推动思考

其实，当你分享信息给孩子的时候，他就已经在思考了。无论你是否提示，我们的思考在面对信息的时候都会自然地启动。

在孩子思考的过程中，你当然可以对孩子说出你的看法，但注意：不是强加你的看法给孩子。

正确的措辞是：

"爸爸妈妈非常担心你的安全，我们对你去河里游泳非常非常担心。"

"虽然我们知道你游泳的水平很高，但是，可能还会有一些意外情况发生，我们总想尽量避免这些意外情况。"

"我们知道你对自己的安全也非常重视，你是一个有责任心的好孩子，所以我们提供这些信息供你评估，希望对你有帮助。"

话说到这里，已经足够了。注意，这里全程使用的是"我"的语言，即"我们非常担心""我们知道你……"，而没有使用"你"的语言。"我"的语言，描述的是我的感受、我的担心，不会让对方感觉被指责，反而可能唤起对方对你的共情，从而认真思考你的观点。

第三步：尊重选择

经过了前面的交流，孩子仍然要去大河里游泳，父母就只能尊重选择了。

有父母会说："我怎么做得到？我就要强行拦他！"

拦下了，可以。如果你不在家的时候，他瞒着你偷偷跑去了呢？

尊重选择，不意味着什么也不干。你可以做的事有：

- 买最好的装备；
- 和孩子讨论安全计划，包括万一遇到危险怎么办；
- 请水性好的人、孩子又愿意一起去的人，和他一起去；
- 查一下天气预报，建议孩子选一个风平浪静的日子去；
- 如果孩子允许，你就陪他一起去；如果他不允许你陪伴，那就在你确认安全，并且也确认他会安全之后，离开。

分析

当孩子要去做一些有危险的事情的时候，父母很害怕。这是很正常的。但是，孩子之所以会选择做危险的事情，是因为他们没有很好地理解行为的后果。分享信息，就是帮助他们理解危险，从而自觉地选择规避风险。还是那句话：我们相信每个孩子有与生俱来的八大宝藏，他们都想要幸福美好的人生。如果父母能够在必要时给予他们风险教育，他们就会规避风险。

如果父母选择过度保护的方式,将孩子远远地隔离在危险之外,孩子从来没有直面过风险,他们未来会变得很懦弱。

青少年天生喜欢冒险,但他们不喜欢受伤、失去生命。和孩子一起讨论面对风险的安全方案,计算承担风险的成本与回报,让孩子认识到在安全的前提下开展的冒险活动才是有益于身心的。

以此事件为例,在我看来,经历了这次的良性沟通,在充分尊重彼此的家庭中,在一个习惯于增能赋权型家庭教育的家庭中,孩子坚持去大河中游泳的可能性几乎没有了。

因为,每个健康成长的孩子都是热爱生命的。

练习 1

尝试用下面的话题,练习辩论:

话题1:代孕

话题2:是否应该去日本旅游

话题3:学习和恋爱冲突吗

练习 2

如下的情境中,你如何给孩子增能赋权,如何做到分享信息、推动思考、尊重选择?

情境1:

你的孩子只有六岁,他喜欢一个人跑到街上去,而街上有很多汽车,你非常担心他的安全。

情境2：

你的孩子肚子疼得厉害，但他就是不想去医院。

情境3：

你的孩子要去雪山滑雪，那里的雪道坡度很大，有人曾经摔倒骨折。而你的孩子从来没有滑过雪。

情境4：

你的孩子准备开车出去玩。他会开车，但是没满18岁，还不能考取驾照。

我提出"赋权三步"之后,一直面临质疑。质疑的本身,是不相信孩子具有无限成长的可能,不相信他们有八大宝藏,不相信这八大宝藏被激发之后可以产生怎样的力量,不相信孩子会作出对自己人生负责任的行为选择。本质上,还是规训惯了,不相信赋权的效果。

事实上,当孩子面临选择的时候,"赋权三步"是唯一的选择,也是最后的选择。如果我们不选择"赋权三步",就只能选择规训了,而在本书第1章,我们已经深入论述了规训的危害。

13

"赋权三步",真能行得通吗

对"赋权三步"的质疑和思考

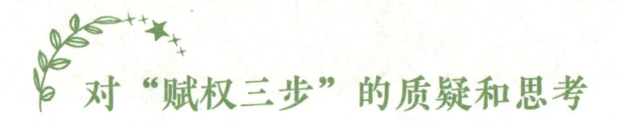

"赋权三步"费时还是高效？

有父母会说："'赋权三步'也太费事了吧？还不如我直接告诉孩子什么是对的省时省事。"

这是规训，我们就不重复对规训是否有效的思考了。重点是，我想说："赋权型家庭教育或许不是高效的方式，但是唯一可行的方式。"

"赋权三步"确实需要付出一些时间，但这是有效的，而且是促进孩子成长的。父母简单地做一个决定，孩子需要付出更多的时间去保证这个决定的执行，而且通常是失败的。

赋权型家庭教育能唤起孩子自主性、自律精神、民主精神，还有平等、尊重、负责任的价值观。

"赋权三步"，有助于培养批判性思维

想成为任何领域的优秀人才，批判性思维都是必不可少的。

教育学者马德林·莱文指出，为了具备批判性思维这项能力，孩子就需要有一套强大的技能做基础，其中最重要的是"数字素养"和"数据分析能力"。所谓"数字素养"，是在所有类型的数字媒体中发现、评估和使用信息的能力；"数据分析能力"，则是

使用逻辑和分析推理来评估每条信息的每个组成部分的能力。

在我看来，这和赋权型家庭教育所说的"赋权三步"有许多一致的地方："数字素养"就是获取信息的能力，而"数据分析能力"就是思考的能力。

事实上，培养孩子的批判性思维，应该鼓励他们思考问题，成人不代替他们解决问题，也不简单地提供解决方法，而是指导他们去经历思考的过程，自己找到解决问题的方法。这既是"赋权三步"要做的，也是培养批判性思维要做的。

"赋权三步"促进亲子关系和谐

人际关系中，要允许别人有和自己不一致的地方。亲子关系中也是一样，要允许孩子有自己的想法和做法。父母强行让孩子按自己的意愿办，会破坏亲子关系。

"赋权三步"充分尊重孩子的自主性，将孩子视为具有内在发展动力的、积极向上的个体。父母只是辅助他们选择，不会强迫。这将彻底改变我们社会中传统的父母对孩子行使权力的模式。这样的关系中，父母和孩子更像是朋友，亲子关系注定会更加和谐。

孩子再没有理由去激烈地反抗父母了，他们变得容易相处，所以青春期的冲突不是必然发生的。

赋权，更少敌对，更多爱。孩子非常希望被信任和得到平等的对待，他们会满怀温情地感激父母尊重了他们的需求和选择。这是摒弃不平等关系的一种方案。

事实上，赋权的方法与许多优秀的教育理念有异曲同工之处。

比如，美国教育家托马斯·戈登提出的"父母效能训练"（P.E.T）中，也提出不要以父母的想法压迫孩子，父母应该同孩子共同讨论，制订规则。

戈登说，当父母和孩子发生争执的时候，有三种解决方法。第一种是父母妥协，听孩子的；第二种是孩子屈服于父母的压迫，放弃自己的想法，听父母的，也即我们所说的规训；第三种是父母和孩子一起商讨，找到一个当事人都认可的解决方法。在这个过程中，父母和孩子是平等的，他们是相互尊重的，共同制订双方都能接受认可的方案，并且去履行。戈登相信是可以找出这样一个方案的。

这个商讨的过程，就是平等协商的过程，也是双方分享自己的观点，一起分析、思考最佳选项的过程。这当然也是我们所说的"赋权三步"。

"我的孩子没有能力思考、选择"

有父母会说："我了解我的孩子，他根本没有能力进行思考、判断、选择。"

在我看来，家长这样的想法本身就是非常危险的，因为你在贬损自己的孩子。父母对孩子的看法一定会在日常生活的诸多细节上体现出来，当孩子知道父母对自己蔑视的时候，他们会更加自卑，更加没有力量。

父母给孩子贴上一个负面的标签,他们可能就真的会成为那样的人。

事实上,就算你的孩子真的没有思考、判断、选择的能力,那也是你的养育方式造成的。你一定没有给他思考、判断、选择的机会,你一直在替他做这些事情,是你害了他。

能力,一定是在一次次锻炼中获得和增长的。

要培养孩子做选择的能力,选择能力是在选择的过程中学习和增长的。人生是由一个个选择构成的,小的时候做小的选择,长大了做大的选择。

孩子需要大量选择练习,从不同角度看待事物,反思他们的行为。这种训练是孩子成长必须经历的过程。

重点是父母不要替孩子选择,要尽可能多地给孩子选择的机会,比如,给孩子买什么样的衣服,参加什么兴趣小组,是否上课外班,到哪里去旅游,让孩子主导这些与自己有关的事情的决策过程。

特别是到十一二岁的时候,孩子的思维能力会有一次"井喷"式提升。孩子若具备了对自己进行评估及自我批评的能力,就能够看到问题的正反面,搜集信息形成观点,进而解决步骤繁多、复杂的问题。家长要注意到这种思维能力的增强,充分利用好这段时间。

父母还可以邀请孩子参与到与他们无关的"大人的事"的决策中。我儿子读小学二年级的时候,我们家买房、搬家,我都邀请他一起讨论、分析、决定。在参与决策这个过程中,孩子也就会懂得任何选择、任何决策都有有利的一面，也有不利的一面，他们就会进一步去思考如何避免风险。

在这样不断训练中长大的孩子，他未来独自面对世界，你还有什么不放心的呢？

"孩子跑到马路中央去，我也要尊重选择吗？"

有父母可能"抬杠"式质疑："难道看到孩子要跑到马路中间，我们也要赋权给他吗？"

不要忘记，孩子与生俱来的宝藏之一便是生命力，包括热爱生命，所以，他为什么要跑到马路当中去？

如果是小孩子，父母没有给他介绍那条路的危险，他跑去了，那是你的错，因为你没有分享信息。而如果你说明了风险，正常的孩子都会听懂，都不会跑过去。如果他知道危险还跑到路当中去，一定是想吓唬你来寻求关注，或者想报复你，或者想和你争夺权力，或者自暴自弃，总之是你的教养出了问题。

我清楚地记得我五岁的时候，一次过马路，鞋掉了，我绊倒了，吓得我连滚带爬地爬过了马路。幸好，那个年代马路上偶尔才过一辆汽车。

抬杠式的追问可能继续："如果孩子才一岁呢，六个月呢，你也分享信息、推动思考、尊重选择吗？"

孩子低年龄的时候，我们当然要提升监护。但是，所有监护的过程，都是要致力于让孩子成长的过程，也就是增能赋权的过程，不应该是规训的过程。你需要想的不是几岁可以赋权，而是从孩子一出生就推动、挖掘他的八大宝藏。

所有用一个年龄线做僵死划分的事情，都是不靠谱的。如果我们要给赋权设置一个年龄界限，可能有人说四岁，有人会说六岁，一定有人说18岁成人之后才能赋权。我们看到，这就又成为控制与规训了。

通常，推动、挖掘越早，孩子便越早具备能力。所以，赋权，一定要从孩子出生开始。

"按孩子的意愿办，不是娇纵吗？"

有家长问我："您说对孩子赋权，要尊重孩子的意愿。但是，什么事都按孩子的意愿办，会不会惯坏孩子？毕竟，历史上、现实中，都有很多因为父母对孩子的娇纵，而导致孩子'长歪'了的事例。"

在我看来，"惯"的本意可能是指忽视孩子的教育，但赋权是通过八大魔法，促进孩子作出对自己人生负责任的选择，它不是"弃权"。

我这样回复这位家长：

1. "按孩子的意愿办，就会把孩子惯坏"这个假设的背景是：孩子的意愿是不好的，是有害的，所以按照他们的意愿做才会"长歪"。担心"惯坏"孩子，是不相信孩子具有积极向上的八大宝藏，不相信孩子有能力主宰自己的幸福人生，所以要采取规训的方式。有些家长认为孩子总是在满足个人意愿，自私自利，不求上进，贪图享乐。所以家长要通过规训，控制孩子，不让他们被心中的"恶"控制。

2.赋权型家庭教育的一个出发点,便是相信每个人,包括每个孩子,内心都具有积极向上的力量。所以,如果有正向的赋权型教育,孩子不会"变坏",不会"长歪"。

3.什么是娇纵呢?在我看来,只有当一个孩子作出伤害自己、伤害他人、伤害社会的事情时,我们仍然遵循他的意愿,这才可以称为娇纵。他违反法律了,你还支持他,那才是娇纵。而如果是在不伤害任何人的情况下,尊重孩子自己的选择,谈不上娇纵。我们前面的章节已经一再提到,赋权是有底线的,那就是不能侵犯人权,不能对抗法律。事实上,赋权型家庭教育是激发孩子内在向上动力的教育,绝不会导致孩子"向恶"。没有哪个"坏"孩子是增能赋权的教育造就的,往往都是父母不适当的管教方式造就的。不是"娇纵",而是没有正确教养理念的家长塑造了少年犯。

4.对娇纵的误解,让人们将孩子身上出现的所有"坏事"都归为"娇纵"的结果,只要是不符合家长意愿的就都是"坏事"。事实上,正是规训才会使孩子缺少成长,"做坏事",结果规训者又说那是规训不够的结果,进一步加大规训。所有的强权,都是这样的逻辑。

5.对孩子自主权的尊重,不是娇纵;对孩子选择权的尊重,不是娇纵。它不是"惯",所以也不会"惯坏"。赋权不是过量的自由,赋权是对孩子基本权利的维护。赋权型家庭教育的目标是促进孩子作出对自己和他人负责任的选择,只会激发孩子正向的能量，与娇纵风马牛不相及。

6.如果我们害怕赋权变为"娇纵"，那唯一能做的就是远离赋权，选择更严厉的控制和更多的规训，而规训无益且有害的结果我们已经反复讨论过了。

选错了，跌倒了，也没那么可怕

一定会有孩子因选择错误而受挫的时候，这时，一些父母会说："看，不听我的，吃亏了吧？我说什么了，我不是早说过了吗？活该。"

这是羞辱。这是规训。

好父母应该做的是共情："我知道你现在很难受，你一定会做得更好。我们爱你。"允许孩子失败，他们就能够理解并妥善处理人生的跌宕起伏。如果父母因为失败就否定孩子，他们会觉得自己不够完美，下次不再冒险，不敢尝试了。

还是那句话：在孩子跌倒的地方，等着扶起他。

扶起他，意味着接受他选择的错误与失败，同时也意味着仍然尊重他的选择。

跌倒，绝不是赋权的错，只是赋权的过程。每个人的成长都不会一帆风顺，我们都是经历一次次挫折才走向成熟的。从这个角度看，跌倒也可以视为增能的一部分。

跌倒了，我们会总结经验、汲取教训。下一次，我们绕开这条路，走上更平坦的路，我们的步履更加坚定，就可以不再跌倒。

跌倒不可怕，跌倒了自暴自弃才可怕，跌倒了站不起来才可怕。比这些更可怕的，是我们爱的人对我们的嘲讽与训斥，那可能让我们永远站不起来。所以，父母要在孩子跌倒的地方扶起他，而且是面带赞许地扶起他。赞许他选择的勇气,赞许他跌倒了还可以站起来,赞许他经由跌倒的成长。

一些父母总是害怕孩子经历挫折和失败,但是,没有挫折和失败的人生是无聊的。挫折和失败是生命的一部分,让我们经历不一样的精彩。

只要能够站起来,继续走,所有的挫折和失败就都是路上的风景。而促使孩子站起来、继续走的最大动力,就是父母在旁边,他们爱的人在旁边,将他们扶起来!

孩子遇到挫折的时候,就是他成长的时候。不要只看到他可能受伤的一面,父母要做的,不是盯着挫折,而是盯着挫折后面的机遇。有一句话:同样是半杯酒,悲观的人说只有半杯了,乐观的人说还有半杯呢。

告诉孩子,一时的考试成绩,绝不等于人生的成败;一次选择的失误,是生活赐给我们的经验和财富;一次,甚至多次选择的失败,也不等于人生的失败。这些都是成长过程中必须付出的代价,你现在付出这些代价,从中汲取了教训,未来可能就不会再付出这样的代价。早付出、早积累经验、早成长,也许比晚付出更好。重要的是,把握机会,把一次挫折或者失败转化为一次增能赋权的机会。

练习

设想孩子跌倒的三个情景,想一想,你如何扶起他?

下 编
赋权的实践

导言
八大魔法在具体事例中的应用

赋权型家庭教育，致力于提供一套理论、技术、方法，让赋权型家庭教育指导师，包括普通父母，都可以应用这套方法轻松地面对家庭教育中遇到的各种问题。我们相信，同"头痛医头，脚痛医脚"比起来，一种思维方式、一套解决问题的方法，更会帮助到父母和孩子。

正如我在前言中说过的，对八大宝藏的呵护、八大魔法的应用，最好是在孩子出生之后、成长中的每一天进行。如果孩子一直保有八大宝藏，如果家长一直使用八大魔法，这里列举的家庭教育中的困境可能根本就不会出现。当家庭教育出现了问题的时候，忽然想起八大魔法，效果可能就没有那么好了，因为八大宝藏已经被破坏了，修复起来需要更多的时间和精力。

遗憾的是，很多家长关注教育问题的时候，恰恰是出现问题的时候。幸运的是，即使"临时抱佛脚"不是理想的状况，但此时八大魔法也一定是有用的。

本书下编"赋权的实践"中的问题，都是家庭教育中经常涉及的问题，也是几乎所有家庭教育书籍都或多或少会谈论的。我在每个问题后面提出的"建议"，便是从如何应用父母的八大魔法，如何呵护和激活孩子的八大宝藏，如何通过"赋权三步"推动孩子思考、选择的角度，对这些问题进行分析。

还记得我在本书开始提出的新的父母类型吗？当你使用这些技术的时候，你就已经远离去权型（规训型）父母、弃权型父母，而成为赋权型父母了！

需要说明的是：面对每一个具体问题的时候，并不一定需要应用到八大魔法中的每一个魔法，有的问题仅用其中几个魔法就够了，或者有些魔法可能暂时用不上；应用八大魔法的时候，也不一定是按着我列举的顺序进行，可以根据互动的情景，灵活调整；有些具体问题，还需要用到八大魔法之外其他的办法来解决。所以，八大魔法在具体问题的解决上，并不等于灵丹妙药，但它仍然可以提供一个重要的"解题思路"或思维框架。

读者可以细细领会这种分析思路，应用这些工具，在未来处理家庭教育中遇到的任何问题。也就是说，我希望的不是"授人以鱼"，而是"授人以渔"，这与本书赋权增能的理念是一致的。

最后，还是要絮叨一句：最好的教育一定是防患于未然的教育，所以，还是要尽可能在日常生活中更早地应用八大魔法、呵护八大宝藏。

孩子一个人睡怕黑，父母该怎么做

父母咨询：

孩子四岁了，想让他和我们分房睡觉了。但孩子总说害怕黑，哭闹着不想一个人睡。父母有什么好办法吗？

方刚回复：

分析

孩子刚开始和父母分房睡的时候，怕黑，或者不想和父母分开，都是正常的反应。父母可以用增能赋权的方式帮助孩子克服恐惧。

建议

1. 魔法应用：深度陪伴。理解孩子的感受，孩子的表现是非常正常的。孩子怕黑，不想一个人睡，可能是感觉与父母的联结不够，缺少安全感。父母先反思，是不是平时陪孩子少，如果是这样，要在白天多陪伴孩子。另外，可以按循序渐进的原则，晚上睡觉时，父母一方先到孩子的房间，在床上陪孩子，等孩子睡着再离开。还要告诉孩子，他不是孤单的，爸妈就在不远的房间里，只要他喊一声，爸妈就可以过来。同时确保孩子的房间安全、舒适，没有任何让他感到不安的因素。

2. 魔法应用：积极探索。父母可以和孩子玩一些游戏，比如，关上灯，摸妈妈或爸爸脸上的不同部位，说出名称。通过这样的游戏，孩子很有可能不再对黑暗感到恐惧。还可以尝试在入睡前开一盏小夜灯，或者给孩子一个喜欢的玩具作为陪伴等办法。

3. 魔法应用：赞赏孩子。夸奖孩子以前成功挑战自己的行为，包括勇敢的行为，相信他同样会有勇气应对分房睡觉和黑暗的挑战；如果孩子在单独睡觉这件事上有一点点进步，就要及时肯定他，赞赏他的勇敢和独立。

4. 魔法应用：读万卷书。可以在孩子睡觉前先亲子共读，给他讲温暖的故事，帮助他放松心情，减少恐惧；还可以阅读鼓励孩子独自睡觉，或战胜黑暗的绘本，像《吃掉黑暗的怪兽》；讲人类战胜黑暗的故事，让孩子在故事的力量中成长。

5. 魔法应用：行万里路。带孩子去旅行，去露营，在帐篷里仰望星空，孩子慢慢就不怕黑暗了。

6. 魔法应用：远大理想。问一下孩子的理想，告诉他：无论你想成为什么样的人，都需要战胜黑暗。

7. "赋权三步"：分享信息、推动思考、尊重选择。同孩子分享为什么他需要一个人睡觉，因为这有助于他的独立成长；在成长的过程中，我们都会遇到这样或那样让人恐惧的事情，这需要我们具备自控力，战胜恐惧。但是，如果孩子一直很恐惧，一直抗拒一个人睡，分房睡觉已经严重影响了他的日常生活，那就一定存在更复杂的问题需要解决，比如，亲子联结。这种情况下就先不要揠苗助长了，先解决其他问题再分房睡吧。

孩子不爱吃饭，怎么办

父母咨询：

我女儿四岁，总是不好好吃饭，很挑食。我应该怎么做？

方刚回复：

分析

对于孩子的不良进食习惯，如果父母用规训的手段强制，会使孩子对抗，形成亲子冲突。有的小孩子甚至会用进食来控制父母。赋权型家庭教育的做法是，找到孩子"不好好吃饭"的原因，使用八大魔法积极引导。

建议

1. 魔法应用：深度陪伴。父母要识别孩子为什么"不好好吃饭"，是否身体不舒服？是平时吃零食太多？是饭菜不合口味？是否孩子正做自己喜欢的事情时突然被打断，强制要求去吃饭？是孩子其实已经吃饱了？一些父母对孩子吃饭问题过分关心，常常因为孩子不吃饭或者吃的饭量没有达到所谓的科学标准而过分焦虑；是否孩子通过不吃饭来吸引关注？

2. 魔法应用：成为榜样。父母不挑食，不吃或少吃零食，避免在正餐前吃零食；每次吃饭时，无论吃什么都会说"太香了，太好吃了"等表现出对食物热爱的话语。父母建立良好的饮食习惯，有规律的进餐时间和地点，避免边吃边看手机或电视等分散注意力的行为；在用餐时保持轻松愉快的氛围，与孩子进行交流。

3.魔法应用：积极探索。让孩子参与食物的准备过程，例如，帮忙洗菜、摆放餐具，增加他们对食物的兴趣；尝试提供各种不同的食物，如蔬菜、水果、谷物等，以增加孩子的兴趣。

4.魔法应用：赞赏孩子。赞赏孩子每一次不挑食、少吃零食、准时认真就餐的行为。

5.魔法应用：远大理想。告诉孩子，无论你拥有什么样的人生目标，保持健康都是首要前提，而合理进食是健康所必需的。

6.魔法应用：读万卷书。阅读倡导健康进食的绘本，有助于孩子形成良好的饮食习惯。

7.魔法应用：行万里路。适当的运动可以增加孩子的食欲。

8.尊重选择。如果孩子有几次坚持不想吃饭，那就不吃吧。小孩子饿几顿也不会有什么大问题。但是，父母一定要了解并处理孩子不进食的根本原因。

9.本案例是咨询四岁孩子不爱吃饭的问题，如果是学龄期的孩子，还可能出于其他原因影响进食，比如，学习压力大，或同学关系、师生关系不和谐；家庭气氛紧张，父母常在饭桌上吵架。找到问题，解决问题，才是关键所在。

孩子哭闹着要买玩具，怎么办

父母咨询：

五岁的儿子要买一个玩具，我没有给他买，他就非常生气，躺在地上大哭大闹。我很着急。有什么好办法吗？

方刚回复：

分析

规训型的父母可能会很生气，会训斥孩子："闹什么闹，就你爱生气，就是不给买。"有的父母可能不理孩子，就让他去哭；还有的父母可能强行将孩子抱走，甚至打一顿；等等。

赋权型的父母会积极倾听孩子哭闹的原因，共情孩子，引导孩子正确表达自己的需求，学习处理情绪的方法。

建议

1. 魔法应用：深度陪伴。孩子哭闹是因为愿望没有被满足，理解孩子的情绪，理解孩子当下的挫折感，然后告诉孩子：我知道你很生气，我很在乎你的感受。让孩子感受到父母的爱。同时，可以尝试模仿孩子和他一起哭，当孩子情绪稳定下来之后，教导他如何正确地表达自己的需求和处理情绪。

2. 分享信息、推动思考：向孩子解释为什么不能买这个玩具，如果是经济原因，可以和孩子讲解家庭的经济支出分配情况，每个月用在孩子身上的吃穿玩费用共是多少，询问他是否愿意牺牲其他的来换取这个玩具，同时提出替代的方案，比如，我们回家做一个这样的玩具如何？或者等到未来某个时候再买它？

3. 魔法应用：赞赏孩子。赞赏孩子以往通过非哭闹的形式表达情绪的时刻，赞赏孩子曾表现出接纳不满足的时刻。当孩子在当下的哭闹情绪中略为稳定，就立即赞赏他，肯定他细微的变化。

4. 魔法应用：成为榜样。作为父母，要树立良好的榜样，避免在孩子面前表现出过度的情绪化和不理智的行为。父母平时要让孩子看到自己是如何表达情绪的，包括自己的愿望未被满足时是如何处理失落情绪的。

5. 魔法应用：读万卷书。阅读可以让孩子学习管理情绪，处理未被满足的欲望；即使在孩子非常伤心的时候，阅读也可以让他获得一个心灵的避难所。

6. 魔法应用：爱好广泛，行万里路，积极探索，等等。比如，将孩子带离当下的情景，去公园玩，去找他喜欢的小伙伴玩。

7. 尊重选择。如果一切手段用尽，孩子还是哭闹，可以和他达成一个妥协方案，比如，买下他想要的玩具，但他要做另外一件事来"补偿"父母，这是让孩子感觉父母并不会因为他的哭闹就轻易妥协。回到家后，父母还要继续和孩子分享应该如何表达情绪，如何面对愿望不能够满足的情况。

孩子"人来疯",怎么办

父母咨询：

我的孩子六岁，是典型的"人来疯"，越有外人越疯，怎么喊他都没有用，经常让我们觉得很丢脸，很尴尬。有什么办法控制他吗？

方刚回复：

分析

父母在任何时候都不要想"控制"孩子。控制孩子，是典型的规训式教养方式。赋权的模式下，你可以引导孩子，但不可以控制孩子。

孩子"人来疯"真的不好吗？真的要这么早给孩子立规矩吗？孩子"人来疯"，或是渴望与客人玩耍、亲近，或是平时太缺少与父母之外人士的联结，甚至也缺少与父母的联结，好不容易有人来了，想吸引客人和父母的注意，"疯"一下有什么不可以呢？

当父母想向外人展示"我的孩子很懂规矩"时，才会将孩子定义为"人来疯"，所以，是父母的虚荣心在起作用：想让孩子像个"小大人"。规训模式下的父母，当着外人的面训斥孩子，会给孩子带来极大的伤害。"人来疯"是规训式的教养方式下的产物，如果用赋权的方式，我们就会用完全不同的视角看待和评价孩子的行为。

虽然我个人认为"人来疯"是一个成人命名用来规训孩子的伪问题，但考虑到一些父母可能无法接受孩子"恣意妄为"，所以我也会提一些建议。

建议

1. 魔法应用：深度陪伴。所谓"人来疯"，常见于小学低年级段或幼儿时期，当客人来的时候，孩子非常兴奋，干扰到成人的交流，想吸引父母和客人的注意。父母要反思的是：平时是否忽视孩子，孩子是否太缺少玩伴。总之，孩子的表现是在寻求关注，是渴望与客人玩耍，建立联结。这是孩子寻求情感满足的一种方式，不一定是坏事。成人，即父母和家中的客人，应该满足孩子这一情感需求，而不应该冷冰冰地拒绝，或贴上一个"人来疯"的污名标签。不然，孩子的情感需求得不到满足，而且可能更加受伤。父母和客人都应该给予孩子关注和肯定，使孩子感到安全。有人说，"人来疯"不是会影响大人间的交流吗？我认为：应将孩子的利益最大化。大人既然出现在孩子面前，就打破了孩子惯有的生活习惯，就是外来"侵入者"，就应该将孩子的需求放在首位。大人如果不想让孩子打扰自己和客人的交流，可以到其他地方。"人来疯"孩子的另一个表现是，到别人家里的时候如入自己家中，甚至东翻西找。这是孩子好奇心的表现，父母不应该过分阻止。如果担心会给主人带来不便，就不要带孩子去，或者事先打好招呼，求得主人的谅解和支持。

2. 魔法应用：积极探索。即使父母实在无法容忍孩子的"人来疯"，也不应该用规训的方式，而应该用鼓励引导的方式，让孩子在不影响客人或主人的情况下，积极探索自己的未知世界。比如，到别人家做客时，跟主人沟通好后，让孩子自己玩耍，或观赏主人家新奇的玩具、书架里的书，不影响成人间的交流。

3. 分享信息、推动思考。父母和孩子分享，有些人可能不喜欢"人来疯"的交往方式，我们要学会观察别人的反应。如果别人不喜欢的话，我们就改变自己的行为，毕竟别人是客人或主人，我们要尊重他们。这是非常重要的同理心训练。基于这样的认识，父母可以和孩子讨论是否可以调整一些行为，既让自己感到舒适，也让客人感到舒适，比如，不打断别人说话、不吵闹，询问客人是否愿意和自己玩，自己在别人家中活动之前也要询问主人的意见。

4. 魔法应用：赞赏孩子。父母要肯定孩子"人来疯"行为积极的一面，"人来疯"的孩子有生命力，父母平时可以对孩子来客人时的活跃行为给予肯定，包括肯定他们不是自我封闭的，而是乐于与他人交往的。如果孩子在同理心方面有所发展，甚至有外人在场的时候开始约束自己的行为，对于不喜欢和他玩耍嬉闹的成人不再"人来疯"，父母要对他们的同理心和乐于调整自己的行为给予赞赏。

5. 魔法应用：成为榜样。父母要以身作则，表现出同理心，特别是对不同的人，分别用让对方觉得舒适的方式交往。父母还要引导孩子尊重他人的空间，在别人家里，做什么事情前要先征得主人的同意。

6. 魔法应用：读万卷书。给孩子多准备些书，甚至在客人来之前给孩子一本新书，用新书来吸引他的注意力。到别人家做客的时候也可以带上书，这样他就可以自己看书了。

7. 魔法应用：爱好广泛。孩子有广泛的爱好，有适合他们的活动，有事可做，就无暇打扰成人了。

8. 尊重选择。经过以上努力之后，如果孩子仍然有所谓"人来疯"的行为，父母也不要太焦虑，更不要使用暴力，孩子会随着年龄的增长自然地改变自己的行为，要耐心地等待孩子成长。

孩子不想上幼儿园，怎么办

家长咨询：

我女儿三岁了，已经上幼儿园了。但是，开园半个多月后，每天送她去幼儿园时，她总是哭闹，拉着我们不松手。好不容易将她放下了，据老师说，孩子一天都哭哭啼啼的，晚上接她时还在哭，晚上睡觉也常哭醒。这可怎么办哪？

方刚回复：

分析

在规训式的家教理念下，父母只是安排孩子去做"正确的事"，比如，该上幼儿园，就要去。父母忽视孩子内心的感受，简单、粗暴的规训方式会给孩子造成伤害。

赋权型家庭教育理念强调"深度陪伴"这一魔法的应用，倾听、理解、共情孩子的内心世界，不强行让孩子去做他们没有做好准备的事情，而是通过各种方式给孩子增能赋权，让他们最终乐于接受成长带来的改变，比如，将上幼儿园看作一件快乐的事。

建议

1. 宝藏分析：父母要知道，孩子与生俱来的八大宝藏，包括好奇心、求知欲等，都会让他们对上幼儿园充满好奇；面对生活方式的变化（去幼儿园），他们也是有进取心的；和父母的分离，他们也可以靠抗挫力来应对。孩子在上幼儿园这件事上，之所以还没有做到愉悦地接受，是因为缺少八大魔法的应用。

2. 魔法应用：深度陪伴（1）。父母要积极倾听、共情、理解孩子，孩子从小在爸妈身边长大，现在突然要被送到幼儿园去，与父母的联结被破坏了。孩子不想去幼儿园，哭闹，都是因为联结的断裂。父母要做的，是共情孩子的心理感受，帮助她做好去幼儿园之前的充分准备，这包括但不限于更多的深度陪伴，让孩子感受到父母丰盈的爱。

3. 分享信息，推动思考（1）：亲子共读以幼儿园生活为背景的绘本，让孩子对幼儿园的生活形成认知（魔法应用：读万卷书）；带孩子去幼儿园参观，玩一玩幼儿园里的器材，了解幼儿园小朋友每天做的事情，让她在入园之前就熟悉幼儿园生活（魔法应用：积极探索）；向孩子介绍上幼儿园在她成长中的必要性……总之，做这一切是为了让孩子一点点接受、喜欢上幼儿园，对生活的变化做好准备。

4. 魔法应用：积极探索。循序渐进地推动孩子接受幼儿园生活。可以尝试在入园后前几天让父母在幼儿园陪伴孩子；如果幼儿园不允许这样，可以先从每天只上半天幼儿园开始。同时，父母也可以和幼儿园老师打好招呼，请老师给孩子更多的关注与支持，配合完成这个渐进的过渡期。即使是有助于孩子成长的事情，在他们没做好准备之前就强迫他们去做，也是在打击他们的信心，反而可能延迟成长。

5. 特别要注意的一点是，父母要一直表现出上幼儿园是一件非常值得欢庆和骄傲的事情。如果你表现出与孩子分离的焦虑、对孩子适应性的担心，你的焦虑也会加重孩子的焦虑。

6. 魔法应用：赞赏孩子。孩子在上幼儿园这件事上，只要表现出一丁点的进步，父母就要及时赞赏她。孩子一直处于被肯定中，他们的进取心这个宝藏就被激活了，会更加努力地进步。

7. 魔法应用：深度陪伴（2）。父母要尽可能多陪伴女儿，每天回家之后一定要有一个人整个晚上陪在女儿身边，和她一起做游戏、亲子共读，等等。这样，女儿就可以感觉到与父母的联结，情感上便可以更好地接受幼儿园生活了。

8. 推动思考（2）。父母在和孩子的交流中，向孩子询问幼儿园里发生了什么，有什么有趣的故事，有哪些好玩的伙伴，学到了哪些令她欣喜的知识和技能。父母可以在适当的时候，巧妙地说："如果不去幼儿园，这些都得不到了。"在这个过程中，让孩子感觉到上幼儿园会收获更多，并不会失去和父母的联结，父母会在晚上和周末加倍地陪伴她。这样，孩子自然会强化对幼儿园的认同感，从而最终选择幼儿园生活。

9. 温柔而坚定地坚持原则，但不规训。如果孩子最终选择不上幼儿园，父母是否要"尊重选择"呢？在我看来，上幼儿园这件事情，属于不能放弃的底线。为什么呢？第一，它不是只涉及孩子一个人，而是涉及所有家庭成员，如果孩子不上幼儿园，最直接的需求就是要有家人陪伴她，所以，这就不能简单地尊重孩子单方面的选择了。第二，上幼儿园是孩子成长中必不可少的环节，重要性无须赘述。但即使如此，我们也不该简单地把孩子送进幼儿园，而应该用上述技巧给孩子增能赋权，这个过程中父母不能妥协，目标明确，前进的步履是温柔而坚定的。如果父母用好了手中的魔法，在八大宝藏的作用下，孩子一定会作出主动上幼儿园的选择的。

多孩家庭，孩子间发生冲突怎么办

家长咨询：

我有三个孩子，许多人羡慕我，但他们不知道带这么多孩子有多少麻烦事。比如，我和孩子妈妈一直互相提醒：一定要平等地对待三个孩子，但是，他们还抱怨我们偏向这个袒护那个。

此外，三个孩子吵起架就让人受不了。我们经常为此焦头烂额，感觉也没有处理得很好。能给一些专业的建议吗？

方刚回复：

分析

规训式的管教，简单粗暴，无论父母如何努力，总会有孩子受到伤害，也不可能做到公平。但规训型父母意识不到自己的不公平，即使意识到了，也拒绝承认。这本质上是因为，父母无禁忌地使用了家庭事务的决策权。

赋权型家庭教育中，父母将权力让渡给孩子，在多孩家庭中就是让渡给每一个孩子，让孩子们共同协商、行使权力，从而促进他们的成长，也促进他们彼此之间、与父母之间建立平等、尊重的关系。

📝 **建议**

1. **放弃规训式的奖惩**。多孩家庭的孩子们出现竞争,相互责备,很大程度是因为父母采取了规训模式中的奖励和惩罚的方式。奖惩让孩子感到资源的稀缺,于是会争抢父母更多的关爱。奖惩鼓励了竞争,在一个推崇竞争的家庭中,孩子们之间的差异会增大,进一步促进了竞争;而推崇合作的家庭中,会营造出合作的家庭气氛。所以,父母要停止奖惩这种规训的管教方式。

2. **放弃对大孩子规训式的道德绑架**。父母不应该给老大强加压力。我们的文化中流行着一种说法:大孩子有义务谦让、照顾小孩子,甚至视之为一种责任。父母总是告诉老大:"你应该爱你的兄弟姐妹。"老大对弟妹的爱不是出自他的本心,而是来自父母的规训,这不会产生真正的爱。老大才是那个在多孩家庭中最早感受到危机的孩子,弟弟妹妹的出生让他感觉父母的爱被剥夺了,他与父母的联结断裂了。老大的不安全感甚至会持续一生,会觉得自己没有资格被爱,成年后对伴侣疑心重重,与弟弟妹妹关系疏远,与父母关系冷淡。

3. **放弃规训,放弃偏袒**。规训型父母内心对孩子一定会有偏袒,更喜欢那个看起来符合"规训"目标的孩子。即使父母想藏起自己的想法也是做不到的,我们的表情、声调、肢体语言,都会透露出我们的偏袒,孩子会敏感地感受到父母对自己的态度。这样的结果就会造就讨好型的孩子或者易怒受伤的孩子。赋权型父母心中没有一个希望孩子遵守的、既定的规训目标,才可能真正不偏袒地对待每个孩子。

4. 魔法应用：深度陪伴。每个孩子都需要与父母有充分的联结，父母应该给予每个孩子丰盈的爱。父母应该深度陪伴每个孩子，倾听、理解、共情每个孩子。父母应该让孩子们懂得：父母对他们的爱不是"有限的资源"，更不是"稀缺的资源"，而是可以无限再生的资源。孩子越多，父母的爱便"生产"得越多，父母不是把有限的爱"分"给不同的孩子，而是因为每个孩子而生出更多的爱。孩子们只有真正感受到父母的爱，才会自信，才会有安全感，才不会争夺父母的爱，才会减少彼此间的争吵。

5. 魔法应用：成为榜样。父母公正对待每个孩子，要让孩子们从日常生活中感受到：父母的爱是无穷的，是不需要"分割""分配"给每个孩子的。以亲子阅读为例，父母应该同等地陪伴每个孩子进行阅读。父母还可以鼓励孩子彼此之间付出爱，他们就会体验到亲人间的爱真的不是有限资源的分割，而是可以不断"生产"的。这些都需要父母付出更多的时间和精力，这是你决定生多个孩子之前要做好的准备。

6. 魔法应用：积极探索。面对孩子间的冲突，父母赋权给孩子，让他们自己解决。多个孩子间的打架很多时候是为了吸引父母的注意，是为了争夺爱。父母只有不介入，才会减少孩子间的冲突。如果确实需要你介入，你也不要去评判对错，只是告诉他们不应该打架，或者让他们自己去解决。

7. 分享信息、推动思考。当多个孩子发生冲突，无法自行解决的时候，父母可以召集他们开会，一起讨论解决方案。这时，父母引导孩子们提出不同的选项，父母也可以提出自己的选项，共同讨论出一个相关家庭成员都认可的方案。孩子们会乐于执行自己制订的方案。

8. 魔法应用：读万卷书。父母可以选择一些正向引导同一家庭中多个孩子和平相处、增进亲情的童书，根据孩子们的不同年龄可以选择绘本、童话、儿童小说等，让孩子们在阅读中培养手足之情，以及和睦相处的观念和技能。

9. 魔法应用：积极探索、行万里路。父母鼓励孩子们在探索世界的过程中，一起面对困境，迎接挑战。在相互合作中，增进孩子们互助的意识和能力，促进手足之情。

10. 尊重选择。父母要清楚，多个孩子之间发生一些冲突是非常正常的，如果不构成身体和心理的伤害就不必太介意。也就是说，小打小闹没问题，大动作要禁止。父母要告诉孩子：任何情况下，都不可以伤害别人，这是底线。比如，刻意将他人推到不利的位置，毁坏他人的名誉，散布他人的谣言。

孩子的外婆和宠物狗去世，他很难过，怎么办

父母咨询：

不久前，儿子的外婆去世了。儿子和外婆关系很好，他很长时间都走不出来，说经常梦到外婆。就在这时，儿子的宠物狗也去世了，他泣不成声。我们一开始就反对他养狗，每天遛狗太浪费时间了。

现在，儿子整天神思恍惚的，我们担心这样下去对他的身心造成伤害。这种情形下，我们应该做些什么？

方刚回复：

分析

如果用规训的教育方式，我们可能简单粗暴地告诉孩子："别太难受了"或者"为一只狗，值得吗"。这种方式没有倾听孩子的声音，没有共情到孩子的情感，于事无补。

赋权型家庭教育，主张深度陪伴孩子，共情、支持孩子，激发他内在的宝藏，使他从伤痛和消沉中走出来。

建议

1. 宝藏分析：父母应该相信孩子具有抗挫力、生命力的宝

藏，他一定会走出这个阴影的。在这个过程中，父母尽可能应用八大魔法激活孩子的八大宝藏，帮助孩子尽快成长。

2．魔法应用：深度陪伴，积极倾听，共情孩子。家人的离去、宠物的死亡，都会给孩子带来创伤，孩子因此感到痛苦，父母要接受孩子的情绪。情绪的流露不会伤害孩子。父母要做的是：允许孩子按自己的方式表达悲伤，不必特别鼓励他和别人交流、倾诉。

3．魔法应用：读万卷书，行万里路。父母可以默默地带领孩子做一些能转移注意力的事情，如带孩子出去走走，散散心，和孩子一起读一些有趣的书。但不要太着急，创伤是需要时间来疗愈的。

4．分享信息，推动思考。孩子不懂得怎样调整失去亲人的心情，不能很好地处理情绪，父母应该分享信息，引导他一起渡过难关。也就是说，不回避创伤，给孩子分享处理创伤的技巧。父母可以分享：世界上所有美好的事物都有别离的一天，与那些美好的事物在一起的时候，好好享受，好好体验，好好珍惜，就足够了。父母还可以陪伴孩子一起讨论逝去者的各种事情，做一些仪式性的活动，比如，给在另一个世界的亲人写一封信，告知亲人自己现在的心情，然后将信烧掉；把去世的宠物用盒子装好，写份告别信，举行一个告别仪式，找一个地点埋葬了。

5．尊重选择。尊重孩子选择与逝者告别的方式，不将我们认为"好"的方式强加给孩子。如果孩子需要独处，就让他独处。父母要让孩子知道，当他需要你的时候怎样找到你。如果孩子的状态一直不见好转,甚至出现自我封闭、长期拒绝说话、失眠等情况,就要给予特别的关注,必要时看心理医生。

6. 魔法应用:爱好广泛。很多父母反对孩子养狗,理由是太耽误时间。饲养宠物也算是兴趣爱好,有心理学上的积极意义。它可以让孩子知道怎么跟另外一个生命相处,还能够缓解压力、调节心情。孩子学习照顾宠物的过程,也是学会承担责任的过程。父母担心孩子养宠物占用太多时间,还是"把时间和精力用于学习、考试"的狭窄思路,与宠物对孩子的疗愈作用比起来,付出时间是值得的。如果孩子觉得养宠物占用自己太多时间,可以考虑养占用时间少的小动物。

父母离异、再婚，如何让孩子不受伤

家长咨询：

我和孩子的爸爸离婚了。离婚伤透了我的心，但我不想因为这事让孩子受伤，特别是我还准备再婚。

我该如何做，才能使离婚、再婚这事不伤害到孩子？

方刚回复：

分析

规训型父母，会将对前伴侣的愤怒倾诉给孩子，诸如"你爸爸是个渣男""你妈妈是一个不负责的女人"，这种做法满足了父母自己的情绪宣泄，却对孩子造成了伤害。规训型父母甚至会禁止孩子与前伴侣往来。

赋权型家庭教育下，父母理解离异和再婚带给孩子的创伤，积极倾听孩子的心声，尽可能努力减少创伤。在这个过程中，深度陪伴是至为重要的。

建议

1. 魔法应用：深度陪伴（1）。父母要理解、共情孩子的感受，在孩子那里，他分别属于父亲和母亲，是父亲和母亲的一部分,他希望和父母任何一方都保持亲密的联结,父母的离异、再婚可能会破坏这种联结,会让他痛苦、愤怒、忧郁和自卑。所以,父母要通过深度陪伴、积极倾听来努力修复这种联结。

2. 魔法应用:深度陪伴(2)。对于和伴侣的冲突,不要隐瞒和欺骗孩子,应该坦诚地对孩子谈论你和伴侣的关系,包括内心感受和关系的变化。向孩子坦白,结束婚姻你很难过,你会哭,你感到挫折,但是你觉得这样比勉强维系婚姻要好一些。此外,父母要对离异有一个积极、自信、正向的态度,不自卑,不担心别人因为自己离异而看不起自己,勇于参加正常的社交活动,这些都是给孩子正向的积极榜样。如果父母不能面对离婚,怎么可能让孩子坦然面对呢?孩子看到父母能够坦然面对,他就可以接受了。这种真诚的交流,会使孩子的内心得到抚慰。

3. 魔法应用:成为榜样。父母分开后有一个平和的关系,孩子就容易接受爸妈的离婚和再婚。面对孩子,父母的角色应保持一致,夫妻之间的事与维系子女关系无关。父母离异之后相互尊重对方,这不是为了自己,也不是为了对方,而是为了孩子,想一想这一点你可能就可以做到了。父母也不要因为离异而给孩子"过度补偿"、溺爱;也不要因此便对孩子过度期望,给他造成压力。

4. 分享信息。父母要和孩子讲解人类婚姻形式的多样性,人类情感的复杂性。告诉孩子婚姻是人生的一个重要阶段,绝大多数人都经历过这个阶段,婚姻有成功,也有失败,培养孩子正确的婚姻观。让孩子清楚地知道父母分开跟他没关系,不是他的事情,更不是他的错,修复的责任也不在他。告诉孩子,父母永远是他的父母,永远爱他。

5. 魔法应用:深度陪伴(3)。离异的父母双方都应该参与和关心孩子的生活,绝对不要限制孩子和前伴侣的交往。不和孩子共同生活的一方一定要安排出时间多见孩子、多陪伴孩子。如果陪伴缺失,孩子会以为自己是麻烦,父母不爱自己,他一生都会去寻找那种被爱的安全感。父母尽可能不让孩子感觉到生活变化带来的失落,这还包括要保证孩子的生活质量没有因为父母离异而降低。

6. 魔法应用:深度陪伴(4)。如果你有了新伴侣,要清楚在孩子的内心深处父母是绝对不能替换的。你要告诉孩子:他是我的新伴侣,但他永远不可能代替你的爸爸或妈妈;不能强迫孩子称自己的新伴侣为父亲或母亲。当你的新伴侣是带着孩子走入婚姻的,你和新伴侣都应该给对方的孩子一个明确的保证:"任何时候我都会把你的妈妈/爸爸还给你,在我们之间,你和妈妈/爸爸的关系大于我们的关系。"并做到言行一致,就能够得到孩子的尊重和接受。另外,绝对不过问孩子和你新伴侣的前夫/前妻之间的事情,这是他们的私事。你不需要急于被孩子接受,欲速则不达。

7. 魔法应用:读万卷书。父母可以让孩子阅读一些关于离异、重组家庭的书,幼儿时有绘本,少年时有童话、小说,青春期的孩子可以阅读关于婚姻、情感的专著。通过阅读,提升孩子对人类情感、婚姻、父母间关系的理解,也可以疗愈心灵的伤痕。

8. 魔法应用：鼓励孩子发现生活中更多的价值和意义，可以通过培养孩子广泛的爱好，鼓励他们读万卷书、行万里路、树立远大的理想等方式来实现。当孩子能够乐观自信地面对生活，也就能够更开朗地面对父母的情感问题。

9. 尊重选择。在确保对孩子进行过上面的正向引导之后，如果孩子仍然一时不能理解你们的离婚，或者不愿意和一方频繁见面，或者因为你的再婚而不想和你住在一起……无论怎样，都应该尊重孩子的选择，继续保证他能够一直感受到你的爱，给孩子时间，等待他的成长和接纳。

孩子过于争强好胜，怎么办

父母咨询：

刚上小学一年级的女儿，自尊心特别强，每次考试或者平时的小测验，如果她觉得自己没有别人考得好，回来就哭。我们怎么劝也没有用。她有时把自己关在屋里，一遍遍写作业，总觉得自己写得不够好。她总想考第一，总想表现好，被老师表扬。

我们的担心是：如果总劝孩子别太把考试当回事，怕她学习的积极性会下降，影响她的未来；如果认可、鼓励孩子的行为，她的压力太大，容易焦虑。我们应该怎么办？

方刚回复：

分析

父母要深刻反省：真的没有给孩子学习的压力吗？孩子好胜心强，通常是父母灌输的价值观的影响，不一定是通过言语直接表达了对孩子考试成绩的期许。如果父母言行不一，需要自省。

建议

1. 魔法应用：深度陪伴。父母耐心倾听孩子的陈述，让孩子感到自己的焦虑是正常的，同时让孩子知道，无论她表现得怎样，都非常棒,爸爸妈妈都会爱她。了解孩子过于在意别人比自己考试成绩好的原因,这可能意味着她还没有建立起正确的自我认知;也可能意味着她的抗挫力差,别人超过自己就会觉得很失败;等等。

2. 魔法应用:积极探索。让孩子探索更广阔的世界,不要将学校的功课和考试成绩作为唯一的追求目标。同时,引导孩子探索:即使考试成绩不好,又会怎样呢?

3. 魔法应用:赞赏孩子。表达对孩子努力和追求优秀的认可,让孩子知道她的努力是被父母看在眼里的。鼓励孩子发现自己更多的优点,赞赏孩子的进取心,同时告诉她,她的优势和价值,绝不仅仅是考试成绩能够体现出来的。考试只是检验阶段学习成果的一种方式,而不是衡量个人价值的唯一标准。

4. 魔法应用:成为榜样。父母要真正做到不关心孩子的成绩,只关注孩子的成长。父母要尽可能少提孩子的考试成绩,只关注孩子的学习行为,不要说"这次没考好,没关系,下次努力就可以"之类的话,因为这还是把焦点放在成绩上,起不到安慰孩子的作用,反而会让孩子更紧张地关心下次的成绩。平时赞赏她的努力,而不是赞赏她的成败。父母引导孩子与自己比较,而不是过分关注与他人的竞争。此外,父母可以向孩子分享自己失败的经历、做得不好的地方,让孩子认识到每个人都不是完美的,从而接纳自己的不足。

5. 魔法应用:爱好广泛。父母关注孩子的兴趣爱好、动手能力、交往能力等,帮助孩子建立全面的自我认知。确保孩子有足够的休息和娱乐时间，培养兴趣爱好，以缓解压力。父母要培养孩子广泛的爱好，让她了解到世界上有非常多美好的东西，她都应该去体验，从而认识到学校里的学习和考试，只是她成长中的一部分，不是全部。

6. 魔法应用：读万卷书，行万里路。开阔视野，陶冶心灵，居高望远，孩子就不会拘泥于当下考试成绩的高低。

7. 魔法应用：远大理想。有远大理想的孩子，不会执着于眼前的几次考试成绩。

孩子不爱学习，怎么办

家长咨询：

我女儿读初中三年级了，她对学习一点提不起兴趣，回到家不爱写作业，总想玩。她说，学习的时候脑袋疼，以后也不想上大学，找一个地铁站服务员的工作就可以了。我可犯愁了，该怎么培养孩子对学习的兴趣呢？

方刚回复：

分析

习惯于规训式教养的父母，遇到不爱学习的孩子，可能是以责难、打骂为主了。这样的规训方式，不会使孩子真正热爱学习，即使孩子表面上做样子给父母看，没有真正发自内心的动力，也不会有效果。而且，孩子和父母的冲突也将加剧。

赋权型家庭教育，认为每个孩子都具有八大宝藏，只要父母用好八大魔法，呵护住八大宝藏，孩子就有充足的学习动力。

建议

1. 宝藏分析：孩子与生俱来的八大宝藏中，有好奇心、求知欲、进取心、专注力，这些都有助于学习。所以，孩子天生是热爱学习的。孩子不热爱学习，一定是她的宝藏被掠走了，父母要做的，是用手中的魔法把孩子丢失的宝藏抢回来，还给他们。

2. 魔法应用：深度陪伴。排除了智力障碍、注意缺陷多动障碍（旧称"多动症"）等因素后，就不要给孩子贴这样的标签，更不能情绪激动时用这些标签指责孩子。深度陪伴，特别是其中的积极倾听，有助于父母探索孩子不爱学习背后的情绪原因，了解孩子的想法和处境。情感联结非常重要，亲子关系好，孩子就愿意把一切都告诉你。破坏孩子学习兴趣的原因通常包括：父母和老师加给孩子的学习压力；父母提供的奖惩措施；父母永远批评孩子，看不到孩子的进步，孩子总是受打击；破坏性的同学关系，甚至暴力和欺凌的存在；学校中老师的不当管理，引起孩子的反感情绪；家庭矛盾、父母间的冲突；还有很重要的一点，就是真的存在学习困难导致厌学；等等。总之，通常要在亲子关系、同学关系、师生关系中找原因。你知道了孩子厌学的原因，就可以有针对性地解决问题了。

3. 许多父母会用奖励的方式激励孩子学习，却不知道这会毁掉他们与生俱来的宝藏，夺走他们热爱学习的内在动力。奖励，本质上是一种外在动力，父母希望通过奖励，强化孩子的学习行为。但是，外在动力的存在，会消解掉内在动力。所以，父母也要警惕，不要破坏孩子的内在学习动力。如果已经用了奖励的方式，就要及时撤走，修复内在动力。

4. 魔法应用：积极探索。父母应努力发现孩子最感兴趣的某门功课，或者某门功课中某一领域的知识。孩子总会有一些没有被彻底消灭的内在兴趣。这个兴趣,就是学习的内在动力。父母应鼓励孩子去探索自己感兴趣的学科。如果您发现孩子对所有功课都没有兴趣,还可以努力给功课增加新的吸引力,激发她的兴趣。比如,学习语文时,增加大量的文学阅读(魔法应用:读万卷书);学习数学、物理时,增加动手的机会、实验的乐趣(魔法应用:积极探索)。

5. 魔法应用:成为榜样。在一个家庭里,父母花时间学习、阅读,就会成为孩子的好榜样。如果父母整天玩游戏、看电视、刷短视频、吃喝玩乐,却让孩子努力学习,这怎么可能呢?

6. 魔法应用:赞赏孩子。当孩子厌学时,赞赏她在其他领域的优点;只要孩子在学习上有一点点进步,就及时赞赏她。赞赏孩子非常重要,孩子在某一方面有了成功的模式,被肯定,她就会复制这种模式,就会更加自信。

7. 魔法应用:爱好广泛。在您的表述中,孩子不爱学习似乎专指不爱学习学校里的功课、不爱做作业,那么,她是否有其他的兴趣爱好呢?这些也算学习。从激励孩子有兴趣的学习点入手,进而就会影响她整个的学习状态。兴趣爱好,可以呵护、激活孩子原有的好奇心、求知欲、进取心这些宝藏,她对学校里功课的学习也会产生兴趣,即使没有产生兴趣,善于学习其他知识和技能的人同样会拥有美好的一生。

8. 魔法应用:积极探索,行万里路。积极探索可以帮助孩子寻求改变现状的方法,尝试不同的生命体验。如果孩子不喜欢学习是因为情绪的问题,父母要理解:青春期的孩子大量情绪没有地方宣泄，这些情绪要通过玩乐来释放，和孩子讨论有哪些释放情绪的方法。各种广泛的兴趣爱好、户外运动、旅行……都可以起到减压、释放不良情绪的效果。父母要鼓励孩子发现、建立起属于自己的处理情绪的模式。

9. 魔法应用：远大理想。和孩子一起讨论人生目标，内心有梦想的孩子，就会坚定地向着梦想前进。孩子已经说了自己的目标是当地铁站的服务员，父母不能否定她的规划，而应该先赞赏她这么小就给自己制订规划，这也是一种对自己负责任的态度。随后，父母可以先不谈职业，而是从生活的角度和孩子讨论长远的人生规划，比如，对婚姻的期望，对未来家庭、孩子的期望，对自己生活方式的期望。地铁站服务员的工作，是否能够满足她的这些期望？她是否愿意尝试改变现状？如果愿意，从哪里做起？这时父母还可以引导孩子反思：她的职业期望，是她真正向往的，还是只是为了逃避学习压力？

10. 分享信息、推动思考。父母可以针对了解到的孩子厌学的原因，进行信息分享。这些信息包括每一种原因的应对方法，比如，人际关系方面的原因，以遇到欺凌为例，有哪些应对方法。父母可以和孩子一起查阅资料，一起搜集信息，这就是分享信息的过程。针对孩子学习能力、学习压力方面的原因，父母可以分享一些提升学习效果的方法。如果孩子有自暴自弃的情况，父母可以分享许多名人都经历过学习不好的阶段，从而增加孩子的自信心，使其有力量改变自己。提醒孩子，睡眠不足也会影响学习效果。

11. 尊重选择。经过以上努力之后，如果孩子还是对学校里的功课没有兴趣，还是不爱学习，那也只能尊重她的选择。真正的学习一定是自己监督自己，自我强化。如果孩子真的不愿意学习了，外力的勉强是没有用处的。父母不要逼她，孩子不爱学习可能就是父母施加压力的结果。父母一定要控制住自己，不要过分介入，否则孩子就会以为写作业、学习都是父母的事情，会更不上心。父母应该清楚，功课学得好，不一定能换来幸福的生活，自信、快乐、积极，才会带来幸福的人生。当地铁站服务员也没有什么不好，绝大多数的人都从事平凡的职业，再平凡的职业也需要有人做。但是，如果真的做到前面几步，这种情况通常不会发生。前述的努力，就是挖掘孩子与生俱来的宝藏，总会在不同程度上激发她的上进心、进取心。父母给了孩子尊重，孩子就会改变，因为孩子与生俱来的宝藏中原本就有向上的动力。

12. 如果父母实在对孩子选择做地铁站服务员不甘心、不放心，那么就准备好，在孩子跌倒的时候，尽量有能力扶起她。

孩子说谎，怎么办

家长咨询：

我女儿读小学二年级，一个周五晚上，她回家说，老师表扬她了。后来，她爸爸问了老师，老师说没有表扬她。她爸爸很生气，觉得她"说瞎话"，应该受到惩罚，整个周末都罚她只能学习功课，不能看课外书，也不能看电视。我觉得她爸爸做得不太对，但说不出哪里不对。怎么做才更好一些？

方刚回复：

分析

孩子说谎，被很多成年人认为是品德问题。规训的做法是，当孩子说谎时，揭穿他、惩罚他，要求他改正。从赋权型家庭教育的角度看，这种惩罚实际上是家庭暴力，只会使孩子暂时顺从，却在他们心里留下了阴影，无助于孩子真正的成长。当下"成功"的经验，会使父亲继续复制这一"管教"模式。随着孩子的成长，她可能会讨好父亲，也可能逐渐积累强大的亲子冲突，与父亲爆发激烈的对抗，亲子关系将严重受损甚至彻底毁掉，孩子的人格也将出现许多问题。

赋权型家庭教育，不将孩子"说谎"简单地视为品德问题，自然也不会简单地惩罚孩子，而是采取积极倾听的技术，了解孩子为什么"说谎"，从而有针对性地加以影响。

建议

1. 魔法应用：深度陪伴，特别是深度陪伴中倾听、理解、共情、支持的技术。父母怀疑孩子说谎后，第一件事当然是要核实孩子是否真的说谎了，说谎的原因是什么；父母不要给孩子"贴标签"，不要轻易与道德品质挂钩；父母要给孩子解释的机会；父母要维护孩子的尊严，对于说谎的孩子，不宜当众揭穿。您的女儿假称受到老师的表扬，在我看来这根本不能算说谎。她的"瞎话"只是幼小心灵对美好的向往。当她被粗暴惩罚的时候，她的进取心这一宝藏就受到了打击，她对荣誉的热爱，对于被关注、被表扬的渴望，也受到了打击。父母只有真正蹲下来以孩子的视角看问题，才能读懂孩子的"谎言"，才不会无端地指责她，甚至伤害她。

2. 魔法应用：赞赏孩子。选择孩子的优点进行赞赏，再指出她说谎的坏处，这更有助于她改变。正确的做法是，赞赏孩子的上进心与对荣誉的追求，同时告诉她：真正努力去做，就一定会受到老师的表扬。

3. 分享信息，推动思考。告诉您的女儿，她说的"瞎话"完全没有恶意，但不是一种值得称赞的行为，可能对别人造成伤害。告诉孩子：诚信，是人类重要的美德。拥有美德的人会受到尊敬。父母还可以讲"狼来了"的故事。孩子就会懂得，不诚信是要付出代价的。

4. 魔法应用：成为榜样（1）。培养孩子的诚信观念，需要在日常生活中润物细无声地进行。父母要做到言行一致，即使在可能使自己利益受损的情况下也要保持诚信。

5. 魔法应用：读万卷书。优秀的童书具有引导孩子人格成长的力量，孩子在阅读关于诚信主题的书中，便会更好地理解诚信。

6. 改变以往规训的养育方式。父母越采取惩罚的方式，孩子越不可能吐露实情，越可能会说谎，进而形成恶性循环。父母要检讨自己的行为。为什么孩子对本来最应该信赖的父母感到恐惧？自己是否一直对孩子使用暴力？父母的惩罚，即使是对孩子说谎的惩罚，仍然是家庭暴力，是对孩子的伤害，父母一定要改变这种规训的方式。

7. 魔法应用：成为榜样（2）。当父母做好改变的准备，先要针对自己此前的惩罚行为向孩子道歉。父母的道歉要真诚，道歉之后还要通过实际行动让孩子进一步放心。孩子看到父母的改变，当孩子做了违背父母意愿的事情的时候，才敢于和父母说，不再说谎。

8. 尊重选择。经过以上努力，如果孩子偶尔还说谎，那也绝对不是恶意的欺骗，而是善意的"谎言"。我们成年人，不也经常会说些善意的谎言吗？所以，这时就尊重选择吧。

孩子偷拿同学东西，怎么办

家长咨询：

我女儿读小学一年级时，曾指使同学拿其他同学的纸。被指使的同学的妈妈找到我，我批评了女儿，并让她给同学道歉。

现在我女儿读三年级了，老师打电话，说她拿同学的小挂件，而且老师从和我女儿的谈话中得知，她应该拿了不止一次。我该怎么教育女儿？

方刚回复：

分析

规训式家庭教育模式下，父母遇到这种情况通常会非常愤怒，给孩子贴上"小偷小摸""道德品质有问题"的标签，这将给孩子带来非常负面的影响，甚至会强化她的不当行为。

赋权型家庭教育，主张对孩子理解、共情，激活孩子的八大宝藏，从而进行正向的引导。

建议

1. 魔法应用：深度陪伴。父母先和孩子交流，用平常的语气询问拿同学小挂件的原因。是喜欢这东西，还是想和东西的主人交往，或者是其他？关心孩子的情绪，和孩子交流，老师说你拿同学的东西，还找你谈话了，你感觉怎么样？重要的是保持冷静和对孩子的理解。

2. 魔法应用：赞赏孩子。挖掘孩子的优点，赞美孩子，再用"三明治批评法"（先表扬，后批评，再表扬），指出如果她不再拿同学的东西，就更完美了。

3. 魔法应用：积极探索。和孩子一起做游戏，可以用角色扮演的方式，带孩子探索自己喜欢的东西被别人拿走时的感觉，从而能够完成换位思考。

4. 魔法应用：成为榜样。父母可以反思一下，自己平时是否曾随意处置孩子的东西？如果有，就向孩子道歉。父母进一步和孩子一起制订家庭小约定，相互尊重彼此的物权。

5. 魔法应用：读万卷书。通过阅读一些有关"拿他人东西"的故事，帮助孩子建立边界感，学习正向的行为。

6. 魔法应用：远大理想。培养孩子的远大理想，拥有远大志向的孩子每做一件事前都会进行更谨慎的评估。

7. 分享信息、推动思考。跟孩子分享物权的知识，告诉她别人的财物不能随意侵占，否则是触犯法律的行为。和孩子讨论，以后遇到自己喜欢的东西时，自己可以做什么，不可以做什么，每种行为都会产生哪些结果，每个结果会对她造成哪些影响。引导孩子提出替代方案，相比于直接拿别人的东西，应该怎么做才能让同学接受？替代方案：询问同学可不可以借小挂件来玩一会儿；询问同学在哪儿买的，自己去买一个；用自己心爱的物品交换；等等。可以和孩子讨论如何道歉，获得同学的原谅。

8. 父母还可以和孩子商量，每个月给她多少零花钱，让她可以自由支配，购买喜欢的东西。父母还要进一步与老师联系，了解老师对这件事的看法和建议，与老师一起制订适当的纠正措施。

9. 拿别人的东西，侵犯了他人权益，触犯了道德底线，是要坚决反对的。事实上，经过上面的增能赋权过程，孩子是不会继续拿同学东西的。

孩子沉溺于玩手机游戏，怎么办

家长咨询：

我儿子读初一了，只要他拿起手机就会玩起各种网络游戏，放不下。我们平时都不敢给他手机，怕影响他学习。如果他写完作业后，我们不给他手机，他就又哭又闹。没办法，我们只能给他，但想要回来可不容易了。特别是周末，他一整天都在玩手机，到了晚上也不睡觉。我们该怎么办呢？

方刚回复：

分析

如果使用规训式家庭教育的处理方法，就会剥夺孩子的手机使用权、上网权，只会造成亲子间的对抗。

用赋权型家庭教育的理念，我们相信孩子都是积极向上的，并不想因为沉溺于手机影响学习、影响升学。所以，我们只要激发孩子内在的学习动力，同时培养他们的自控力，就可以有效地调节手机的使用方式。

同时要意识到，手机网络游戏确实会给孩子带来极大的危害，但是如果使用手机得当，就会减少负面的影响，甚至有好处。如果孩子的学习兴趣、面对面的社交活动、阅读时间、睡眠和锻炼时间，等等，没有受到影响，父母就不必太焦虑。

建议

1. 魔法应用：深度陪伴。父母要理解孩子喜欢玩手机的心理，理解他们的情感需求。互联网是双刃剑，手机、网络世界带给孩子丰富的信息，能满足游戏、交友、求知等多种愿望。

2. 魔法应用：成为榜样。父母不沉溺于手机和网络。晚上一家人在一起的时候约定好一个使用手机的时间，其他时间大家都关掉手机及其他电子产品，增加没有屏幕的时间。

3. 魔法应用：赞赏孩子。肯定孩子的远大理想，赞赏孩子表现出来的哪怕一点点的自律行为，赞赏他们对学习的热爱、自我管理的能力，等等。这些都会激发孩子更大的进取心，从而自觉调整玩手机的时间。

4. 魔法应用：爱好广泛。只有当孩子具有多样的爱好时，才不会完全被手机吸引。这也可以视为一种"替换选择"。

5. 魔法应用：积极探索，读万卷书，行万里路。用阅读的力量代替网络的力量；用有趣的故事吸引孩子；到户外去，到大自然当中去，去旅行，去健身，去露营，用真实的多彩世界代替虚拟的网络世界。

6. 分享信息、推动思考：父母可以向孩子分享玩手机上瘾的各种危害，教孩子一些战胜手机上瘾的方法，一起讨论、制订家庭中使用手机的规则，这些规则不只是约束孩子，同样是约束大人的。为了更好地鼓励孩子自我控制，还可以交给他一些任务，比如，帮忙管理其他家庭成员的手机。

　　7. 尊重选择。完全拒绝孩子玩手机类电子产品是不适宜的，这是孩子的社交、娱乐工具，而社交和娱乐同样是孩子生命成长中的一部分；完全避免网络游戏和社交媒体也是不现实的，要给孩子选择的空间。

孩子转学后没有朋友，怎么办

家长咨询：

孩子转学到新学校，一直独来独往，没有朋友。放学回家，他就待在屋里玩电脑游戏，说自己在玩游戏的时候有网友。我对他的状况挺担忧的。我想让他交些现实中的朋友，该怎么做呢？

方刚回复：

分析

规训式家庭教育，父母会鼓励孩子去交朋友；限制他上网，让他多和身边的人交往；强行让他和某位同学或邻家孩子多交往；等等。但如果孩子过于内向，或者原本没有主动交友的能力，父母的这种"推动"就会给他造成很大的压力。

赋权型家庭教育，主张给孩子增能赋权，父母协助孩子提升交友能力，让他在准备充分的时候自然地开始一份友谊。

建议

1. 有一个好朋友，对于一个孩子的成长大有益处，可以直接助益于他发挥八大宝藏的能量。您儿子转学到新学校，一时没有朋友，是正常现象，不必过于焦急。而且，互联网上建立的友谊，不一定不好，我们要乐观、积极地面对这种改变。父母可以继续鼓励孩子结交现实中的朋友。

2.魔法应用：深度陪伴（1）。父母需要了解孩子在学校是不是学习压力很大，没有交友的时间和机会？还要了解属于孩子的个体化的原因，和孩子谈谈心，看看有哪些因素影响了他的交友。比如，过于内向，缺少人际交往能力的训练，缺少自信心，在学校要求别人顺着自己的意思，和同学没有共同话题。

3.魔法应用：赞赏孩子，鼓励孩子拥有广泛的爱好，读万卷书，行万里路，这有助于孩子建立自信心，成为一个有趣的人，可以增进孩子与他人交往的能力。

4.分享信息，推动思考：父母可以分享一些交友的态度，为孩子交友前做准备。比如，好朋友之间通常有共同的价值观，诚实、尊重、正直；交友的价值之一在于互相支持、互相帮助，所以要努力帮助朋友；朋友之间要具备同理心，要善于共情。父母还可以给孩子分享一些主动交友的技能。比如，和同学相处要热情、大方，尽量说一些大家都感兴趣的话题；观察到有共同兴趣爱好的同学，主动打招呼，主动聊天，主动帮助别人，主动请同学来家里玩。

5.魔法应用：成为榜样。父母平时是否愿意与人交往，如何与人交往，都会潜移默化地影响到孩子。

6.魔法应用：积极探索。结交新朋友，属于积极探索世界的一部分。父母可以鼓励孩子去交友，同时为孩子的探索提供一些便利条件。父母可以推动孩子交朋友，但不能代替孩子交朋友，包括不能替他们选择朋友，不能替他们邀请朋友。

7. **魔法应用：深度陪伴（2）**。如果孩子希望和某个同学交朋友，却被冷漠对待或拒绝，父母要陪伴孩子，共情孩子，接纳孩子的情绪，引导孩子坦然面对，不要因为遭到拒绝而心生怨恨。

8. **尊重选择**。父母要尊重孩子的交友观，即使出于各种原因，他没有现实中的朋友，也要努力接受。这通常是暂时的。这时，父母要引导孩子直面孤独和寂寞。我们既要向往友谊，又要有独处的能力。

9. **自主选择、自我负责，鼓励孩子自己承担责任**。赋权给孩子，让孩子承担交友中的挫折，自己负责。如果孩子遇到交友冲突，父母不要出面去解决。朋友间的冲突可以帮助孩子发展克服障碍的能力、应对冲突的能力，促进孩子成长，提升孩子的交往能力。如果父母帮助孩子处理了一切冲突，孩子未来的人际关系更容易出现问题。

孩子交了"坏朋友",怎么办

家长咨询:

我女儿读初中二年级,考试成绩一直是班里前一二名。但很奇怪,她最近却和一个全班排名最后的女生成了好朋友,两人形影不离,女儿很开心和她做朋友。但是,我非常担心女儿被这个女生带坏。我该怎么办?

方刚回复:

分析

规训式家庭教育的做法是:禁止女儿和这个女生往来;告诉女儿再和这个"全班排名最后"的女生交往会"近墨者黑",让她走下坡路;删掉女儿手机中这位同学的联系方式;请老师将女儿和这位同学的座位调得远远的,减少她们接触的机会;找女同学的家长谈……

但是,这种规训的做法把一个简单的交友问题变成了亲子间的对抗,而且肯定是无效的。

赋权型家庭教育的做法是:相信孩子内在的八大宝藏注定使他们积极进取,一定会作出对自己成长最好的选择。交友,属于"完全是孩子自己的事",他们具有100%的决定权。父母要做的,只是通过分享信息、推动思考、尊重选择的方式，鼓励孩子作出选择。

建议

1. 父母忧心孩子交友不慎是可以理解的，但是父母也要理解友谊对孩子的重要性。社会关系是孩子健康、幸福和快乐的关键。有了好朋友，孩子会感到舒适，得到情感支持。

2. 魔法应用：深度陪伴。如果父母实在担心这份友情，可以应用"积极倾听"技术，先了解孩子的想法，不带任何偏见地向女儿了解：喜欢这位同学哪些地方？可以肯定的是：这位学习不好的女生，一定有某些方面吸引了您的女儿，给您女儿带来了她想要的东西。交友是成长的一部分，不要把孩子的所有生活细节都从学习的角度来评估得失。父母如果一直用很严厉的方式规训孩子，或者对孩子的期望让孩子很有压力，就可能导致孩子和父母对着干，去找朋友，而这个朋友通常是父母不喜欢的那种类型。如果存在这种情况，父母就要多关爱孩子。

3. 魔法应用：成为榜样。父母平时是如何选择朋友的，可以成为孩子的榜样。

4. 分享信息，推动思考。父母可以跟孩子分享自己的担心，分享自己的交友价值观，比如，共鸣、真诚、互助、包容。父母还可以充当孩子的导师，但是不能替他们做决定。父母要鼓励孩子反思哪些关系值得维系，哪些关系应该放弃。

5. 尊重选择。上述分享之后，父母应该任由孩子去处理她的友谊。

6. 自主选择、自我负责，给孩子承担后果、通过挫折成长的机会。即使孩子真的交了一个"损友"，也要让她自己发现。父母要做的是：让孩子知道，无论她受了什么样的伤害，家庭都是她安全的港湾。

孩子淘气，老师请家长，怎么办

家长咨询：

我儿子读小学四年级，他非常淘气，几乎每隔一周我就会被老师请去一次。老师那一通训呀，让我非常难堪。儿子好像无所谓似的，隔一周又会犯错，老师又把我找去。

为了向老师表明我认真管教的态度，我当着老师的面狠狠地批评了儿子，回到家也狠狠训斥了他，有时气急了我还打他屁股几下。

孩子妈妈说，我这样做不对，不应该打孩子。但是，儿子屡教不改，老师又不断给家长压力，我能怎么办呢？

方刚回复：

分析

家长打孩子肯定是不对的，这是家庭暴力，而且无助于孩子成长，解决不了问题，只会制造新的问题。这是典型的规训式的家教。

赋权型家庭教育相信孩子不会有意成为秩序的破坏者，主张积极倾听，了解孩子"违规"的原因，激励孩子实现自我管理。

建议

1. 魔法应用：深度陪伴。老师请家长，指责孩子犯错，父母要认真听老师说了什么，回到家之后，更要耐心地向孩子了解事情的来龙去脉。老师可能会以偏概全，父母却一定要倾听孩子的心声，共情孩子，理解孩子。如果孩子只是淘气，比如，嬉笑打闹，没有侵犯他人权益，父母就要包容孩子：小孩子淘气是正常的，淘气的孩子才聪明。如果孩子确实做了错事，父母当然不能包庇。无论哪种情况，如果父母带着情绪回家训斥孩子，就起不到教育的效果。父母保持和孩子良好的、积极的情绪互动，才有助于孩子成长。

2. 魔法应用：赞赏孩子。父母要多看到孩子的优点，积极赞赏孩子的优点，激发孩子自尊、自信、积极向上的力量。在孩子得到充分肯定的时候，父母再轻描淡写地说出"如果你能避免某方面的行为就更完美了"，这样孩子更容易听进你的声音，接受你的建议，改变自己。这也有助于提升孩子面对老师经常批评时的抗挫力。

3. 魔法应用：读万卷书。爱阅读的孩子，会从阅读中学习做人做事的道理和规则；内心会逐渐沉静下来，减少少年期活跃的"淘气"行为。

4. 魔法应用：远大理想。拥有远大目标、进取心、热爱人生的孩子，一定可以作出有利于自己成长的选择，更不会让"淘气""错误"耽误自己的前途。

5. 分享信息，推动思考。即使错在老师，父母也不应和孩子一起谴责老师，否则孩子会不喜欢这位老师，甚至不喜欢这位老师上的课。可以引导孩子：人生难免会遇到一些不公，不应该用别人的错误惩罚自己。理想的处理方法是，父母利用这个机会，培养孩子的同理心。父母一方面安抚孩子，理解孩子；另一方面说明老师管理的难处，学生多、压力大。父母可以鼓励孩子说出这位老师的几个优点，如果孩子实在说不出来，父母可以和孩子一起分析。越是孩子不认可的老师，越要和孩子一起找到这位老师身上值得赞赏的优点。绝大多数老师是优秀的，本意是帮助孩子成长的，所以我们一定可以发现老师的优点。在这个过程中，父母传达的态度，会慢慢改变孩子对老师的看法。

6. 家长也要设法从老师那里获得对孩子的认可，哪怕一点点，也要传达给孩子。当同孩子一起说出老师的优点之后，父母要及时向老师传达孩子对他的喜爱。老师找家长批评孩子的时候，通常也会说一些孩子的优点。如果孩子不在场，家长回家就要向孩子传达那些优点，而不去传达那些缺点和批评。这样，就会调节老师和孩子的关系。父母应在适当的时候，把老师指出的孩子的不足，转化为自己的想法说出来，让孩子以为是你观察出来的，而不是老师告诉家长的。

7. 尊重选择。如果老师"请家长"，只是因为孩子无伤大雅的"淘气"，孩子并没有侵犯他人的权益，父母可以不要太执着于让孩子改变。随着孩子的成长，他的很多行为方式是会自然改变的。过于强求，可能会破坏孩子的好奇心、求知欲、生命力宝藏。

孩子写作业拖拉，怎么办

家长咨询：

我女儿是典型的慢性子，写作业特别拖拉。其他同学一两个小时就能完成的作业，她每天写到夜里十一二点还没写完。有什么办法能让她改变吗？

方刚回复：

分析

拖延症，专业的名词是"执行功能障碍"，指明知该做的事却没有去做，很难把自己的想法付诸行动。这会造成严重而持久的后果，甚至成为持续一生的麻烦，导致学习成绩不好，工作业绩不佳，人际关系长期不和，自尊水平低下，精神问题发作，等等。

父母如果用规训的方式，就会不断催促孩子，孩子不改变，父母的情绪便会越来越强烈，随之而来的是指责、嘲讽、训斥，使孩子不堪重负。久而久之，孩子心理健康出现问题，亲子冲突加剧，所谓"慢性子""做事拖拉"的情况却没有改变。

赋权型家庭教育，主张了解孩子做事拖拉的原因，有针对性地给孩子赋权，增加孩子做事情不拖拉的能力。

建议

1. 宝藏分析：孩子与生俱来的"进取心"宝藏，会本能地希望尽快做完一件事，至少不是过了规定的时间还没有完成。孩子写作业拖拉，表明进取心这个宝藏缺失了。所以，父母要帮助孩子找回积极向上的进取心。

2. 父母要了解"执行功能障碍（拖延症）"的成因。第一个：基因。母亲产前暴露于某些物质之中，如尼古丁、酒精、毒品、化学品，会促成孩子各方面的执行功能缺乏。第二个：环境。孩子出生后，受到创伤、被忽视、贫穷、社会逆境、教育不足、家庭压力、健康问题，等等，会对大脑主管执行的区域产生负面影响。第三个：经历。孩子以往的"拖延"受到奖赏，这奖赏可能是直接的奖励，也可能是避免了风险或惩罚，等等，这些经历使孩子养成拖延的习惯。

3. 魔法应用：深度陪伴。孩子很容易被新鲜事物吸引，没有很明确的时间概念，很难感受到时间的流逝。父母要倾听、理解、共情孩子，让孩子感受时间的长短、快慢，逐步训练孩子的时间观念。另外，许多保护性因素，包括良好的家庭关系、优质的教育、身体健康，都有助于改善拖延症。

4. 魔法应用：成为榜样。造成孩子拖延的因素中，有哪些是父母的责任？如果有，父母要立即改变。父母要有时间观念，做事情不拖延、守时、有效率，孩子才会模仿。

5. 魔法应用：爱好广泛，读万卷书，行万里路。有了兴趣爱好，喜欢阅读，喜欢到户外去玩，孩子便会快点写完作业，然后去做自己喜欢的事。需要注意的是：孩子写完作业，若家长再布置新的作业让她做，孩子肯定会养成拖延的习惯。父母要给孩子一个积极的强化，她写完作业可以去做自己喜欢的事，这样就将写作业和积极愉悦的情绪联系在一起，孩子就会高效率地做作业。

6. 魔法应用：赞赏孩子。一旦孩子的时间观念增强，写作业不拖拉，父母要及时给予肯定。

7. 魔法应用：远大理想。孩子有远大的目标，学习会更有积极性、主动性，就会减少拖拉的情况。

8. 分享信息，推动思考。父母和孩子分享缺少规划时间、执行计划的能力，可能会给自己带来哪些麻烦的信息；向孩子传授一些时间管理的技巧。在分享信息的过程中，孩子就会思考，然后采取行动。

9. 尊重选择。孩子是否改变，还是取决于自己。如果孩子不改变，父母就要调整心态，接纳孩子。

青春期孩子爱说脏话，怎么办

家长咨询：

我儿子一直很斯文儒雅，没想到初二时，有一天在家里聊天的时候他突然说脏话。他当时并不是生气要表达情绪之类的，只是普通的聊天。这可把我吓坏了。从那之后，我发现他说话常带脏字。我和他说了很多次，不许他说脏话，但好像并不见效。

儿子为什么爱说脏话？我该怎么办？

方刚回复：

分析

规训式家庭教育的方式下，禁止孩子说脏话，如果还说，就打他、骂他。

在赋权型家庭教育理念下，应该先分析孩子的"脏话"，判断说脏话的原因和性质，再用八大魔法激活八大宝藏，相信孩子可以自主地不说脏话。

建议

1. 孩子说脏话，很可能并不了解脏话给听者带来的不适感，甚至受污辱的感觉。

2．魔法应用：成为榜样。父母要以身作则，不说脏话。如果有其他成人在孩子面前说了脏话，父母也要立即当着孩子的面，表明反对的态度和立场，这就能够起到榜样的作用。

3．魔法应用：深度陪伴。父母要理解和共情青春期孩子说脏话的原因。青春期孩子从同学、网络中学习"说脏话"，属于一种"青春期文化"。对青春期男生来说，说脏话，不仅显示自己是"大人"了，还是显示"男子气概"的一种方式。青春期孩子希望自己被理解和接受，显示自己和别人是"一样的"，当同学中有人说脏话的时候，别的同学就会模仿，这是他们和同伴建立联结的一种方式。当然，有的时候他们说脏话是为宣泄情绪。您儿子不是在需要宣泄情绪时说脏话，很可能就是在学校通过说脏话建立同伴联结，说惯了，在家里也一不留神带了出来。

4．魔法应用：赞赏孩子。建议您采取"三明治批评法"，先夸奖孩子的"斯文儒雅"，再和孩子分享自己，乃至整个社会，对脏话的看法："斯文儒雅的你说脏话，影响了自己的形象。"进而说出担心："你说脏话可能是无恶意的，但说顺嘴了，成口头禅了，有时带出来，别人可能会觉得是冒犯，引起冲突。"再回到夸奖："你这么聪明，相信你以后不会再说脏话了。"这样，孩子比较容易接受。

5．分享信息，推动思考。父母可以和孩子分享：在学校说脏话，有同学可能会觉得受到了性骚扰，那就不是简单地开黄腔问题了。要推动孩子反思，自己说脏话仅是平常说话时偶尔带出来的词，还是具体针对某个同学，特别是女生的。即使说脏话者无意,听者感觉受到骚扰,也算骚扰,所以一定要坚决禁止这种行为。父母尽量选择非正式的情景谈这个话题,表现得轻松、随意,甚至是"无意地谈及",避免让孩子感觉父母在指责自己。

6. 尊重选择。如果不存在性骚扰的情况,父母就不用太担心,随着年龄的增长,孩子会自然地改变说脏话的习惯。几乎所有青春期的男孩都或多或少说过脏话,但成年男性却极少有人在公共场合和日常生活中说脏话。经过以上努力之后,如果孩子仍然说脏话,父母可以说:"你当着父母的面说脏话,让我们感觉被冒犯了,非常不舒服,请尊重我们,至少在我们面前不要说脏话。"这既表明了父母的态度,同时也给了孩子一些自主的空间。虽然这不是理想的结果,但比起规训,要好多了。

7. 自主选择、自我负责,让孩子自己承担责任。在经历以上赋权的过程之后,孩子还说脏话,就要由他们承担后果了。即使他们因此经历创伤,也是成长中必须付出的代价。当他们跌倒的时候,父母可以在他们反省、认错、改变的过程中给予支持。

孩子遇到挫折，情绪激动，怎么办

家长咨询：

我儿子特别敏感，有时遇到一点小挫折，就情绪沮丧；被别人批评了几句，更是非常愤怒，情绪激动。我看他的样子，又心疼，又担心，又烦躁。我该如何帮他呢？

方刚回复：

分析

规训型父母，可能会对孩子出现负面情绪加以责备和训斥；有的父母让孩子把负面情绪压在心底，说"大家都这样""过两天就好了"；有的父母认为负面情绪对孩子有害，不应该停留其中，要带孩子转移注意力；还有一些父母会劝说孩子，声称他的思考方式不对才会徒增烦恼。父母的这种态度，会让孩子觉得父母看不到他的情绪，不理解他。而且，用转移注意力的方式把孩子从当下的感受当中抽离，会破坏孩子的专注力。

赋权型父母，认为要理解、接纳孩子的情绪。

建议

1. 魔法应用：深度陪伴，接纳孩子的情绪。当孩子遇到挫折，受了委屈时，父母要倾听、共情孩子。孩子有情绪的时候，接纳他的所有情绪，接受孩子的看法及感受到的情绪，用言语表示了解孩子的看法，努力分担他的感受。这将极大地促进亲子关系，使孩子更有能力对生活作出积极的选择。父母需要理解：每一种情绪都有正面价值，负面情绪也有正面价值，都会把我们引到某一个方向。如果我们可以认识、接纳、正确运用情绪，负面的情绪被倾听、看到、接纳，就会转化为成长的力量。

2. 魔法应用：深度陪伴，通过倾听来治愈。父母陪伴孩子，直到他得到安抚。善用孩子情绪发作的时机，倾听、共情、支持孩子，并提供指导意见和参考视角。孩子被父母倾听，他的悲伤、不满、怒气被父母包容，许多时候问题就解决了。充分的倾听，就是最好的治愈。

3. 魔法应用：积极探索。鼓励孩子探索、接纳自己的情绪。鼓励孩子正视自己的情绪，认识到负面情绪是每个人都会有的。告诉孩子挫折是人生的必修课，鼓励孩子将人生视作一次旅程，挫折和失败也是旅途中的风景。

4. 魔法应用：成为榜样。父母如何处理自己的挫折，会成为孩子的榜样。父母应坦诚地在孩子面前呈现自己的失败经历、表现自己的情绪，同时向孩子示范在逆境中的自我疗愈之路，以及接纳情绪、处理情绪的方法。在这个过程中，孩子也学会了面对挫折。

5. 分享信息：父母分享那些可以帮助我们从负面情绪中康复的方法，供孩子选择。比如，鼓励孩子倾诉内心体验的情感，在合适的场合大哭大叫宣泄心中的烦恼和愤怒，通过阅读沉静下来，引导孩子尝试选择原目标的替代品，制订未来实现目标的行动计划，建议孩子写心情日记，学习深呼吸法、肌肉放松法等让自己平静下来的方法，鼓励孩子多交朋友，尝试接纳不完美的自己。

6. 推动思考。父母要与孩子一起寻找解决办法，要让孩子有机会自己去探索。父母对孩子的积极倾听，更容易促使孩子深入地思考问题，并且进一步形成自己的看法。同时，父母应该引导孩子在表述的过程中自己形成方案。

7. 尊重选择。如果孩子选择不与父母交流，父母也不要勉强孩子，特别是青春期孩子许多时候更喜欢与同龄伙伴交流，父母只需告诉孩子：我在那里，需要时找我。如果孩子想一个人躲在房间里，父母就不要强行进去"倾听"，要给孩子放松疗愈的时间。当孩子作出某个选择时，即使这个选择与父母的期许不一致，父母也要尊重他的选择，毕竟那是孩子认为可以帮助他走出挫折和情绪困扰的最佳选择。

青春期亲子冲突增多，怎么办

家长来信：

孩子上中学后，就不服管了，经常是一件事我说许多次，他都不理不睬的。他有时还会公然和我顶撞，闹得家里鸡飞狗跳的。而且他的情绪如风云变幻，时常莫名其妙、无缘无故地就发脾气。

据说，这就是"青春期叛逆"？有办法让他不叛逆吗？这叛逆到什么时候会结束呀？

方刚回复：

分析

青春期亲子间的冲突，是普遍现象。规训型父母会将责任全部推到孩子身上，所谓"孩子进入青春期了，对父母叛逆，不听话"，结果便是想加大"管控"力度，制造更大的亲子冲突。

赋权型家庭教育主张父母与孩子是平等的关系，父母应该听到孩子内心的声音，重新审视"青春期叛逆"这一概念，尊重孩子成长中对独立的需求，从而化解亲子对抗。

处理青春期亲子冲突的关键是：父母学习、改变，而不是试图改变孩子。

鉴于下面的建议主要是针对父母改变的，要求父母积极倾听孩子，所以主要都是关于深度陪伴的，故应为深度陪伴之处不再逐条标注。

📝 建议

1. 进入青春期，孩子渴望独立，他们在内心将自己视为与父母平等的"大人"。孩子有自己的想法，对父母之命不再言听计从，这是非常好的现象，说明他们长大了。但是，如果父母习惯于用规训的方式对待他们，他们又拒绝像儿童期那样言听计从，亲子冲突就来了。可见，所谓"青春期叛逆"，是父母规训式的教养方式导致的。所以，父母必须改变认知和态度，放弃规训的养育方式，致力于建设赋权型家庭教育倡导的亲子关系。

2. 父母需要重新定义与孩子的关系。孩子是一个独立的人，他不属于父母或任何人。父母要理解青春期孩子的需求：自主的权利；被尊重，被倾听；能力被信任、被支持，而不是被否定。在青春期，要允许孩子拥有自己的私人空间，给孩子一定的物理空间和情感空间，接受孩子从少年期向青春期的转变。父母此时的首要工作是赋权给孩子，相信孩子被赋权之后自主成长、自我选择的力量。

3. 了解了青春期孩子与父母的冲突是缘于父母对孩子的控制，父母只要改变规训式的养育方式，按着赋权型家庭教育的"赋权三步"，只是分享信息、推动思考，最终尊重孩子的选择，对孩子只有"辅助"，没有"管制"，亲子之间想冲突都没有机会了。

4．青春期亲子冲突的一个重要原因是父母和孩子的价值观、人生观不一样，父母不要把自己的价值观、人生观强加给孩子，那是他的人生，不是你的。父母不同意孩子的观点时，可以说："我理解你，我不同意，但是我尊重你的看法。"这样父母既表达了看法，又尊重了孩子，孩子反而可能会认真思考父母的观点。

5．有父母说："如果我不同意孩子的观点，他就会很大声地坚持自己的观点。"在我看来，孩子之所以声音很大，那是因为父母拒绝倾听他的声音，他的声音被"消音"，必须用更大的声音来回应。有父母说："我还没说什么呢，孩子就情绪激动，暴跳如雷，发脾气。"父母认为自己没说什么，孩子可能已经听到了很多试图对他进行控制的声音和企图。特别是与此前被规训的悲惨经历联系起来，更难免情绪激动。这时，父母要认识到：孩子"暴跳如雷"，不是因为他喜欢这样，也不是他希望通过这样达到什么目的，这只是他真实情绪的流露。父母要做的，是积极倾听，深度陪伴，看到孩子内心的情绪。

6．情绪是人们对某一情景的本能反应，不受大脑控制，孩子对父母的某个决定反感甚至愤怒，这是一种情绪。父母不要跟孩子讨论对错，父母要说的是："我很抱歉，让你这么难过。"父母要了解孩子情绪背后的动因，不取笑、不轻视孩子的感受，不说孩子"应该"有什么感受。孩子针对父母的愤怒，往往是因为他内在的情绪没有被关注到。父母要共情孩子，父母看到了孩子的情绪，孩子可能就会恢复平静，好的亲子联结就可能建立起来了。双方心情平复之后，再谈论一些有分歧的话题，父母仍然可以表明自己与孩子不一样的态度，但不一定让孩子接受。

7. 魔法应用：成为榜样。父母有情绪时，一定要先处理好自己的情绪，再与孩子交流。父母要和孩子共同面对问题，专注于解决问题的办法，不要用抱怨的态度对待孩子。和孩子发生冲突后，父母要率先反思，发现自己错了就要主动认错，这样孩子就会原谅父母，也就学习了用同样的方式与父母沟通。

8. 有父母可能说：如果我一直尊重孩子的感受和情绪，孩子会不会被宠坏？积极回应孩子的情绪和需求，投入的是爱与支持，而爱与支持不会宠坏孩子。积极倾听并不是让父母满足孩子的一切需求，父母只要关注到孩子的情绪就够了，就是对孩子的尊重。孩子要的也是他的情绪被关注，而不是满足需求。

9. 尊重选择。青春期的亲子冲突本质上还是父母不尊重孩子的选择，所以，尊重选择可以化解很多冲突。尽管孩子的需求可能违背了父母的价值观，也不要给他扣帽子，你可以不去满足他的愿望，但不能阻止他去实现愿望。

青春期孩子存心和我对着干,怎么办

家长咨询:

我的孩子正值青春期,现在很叛逆,我越不让他做什么,他就越做什么。比如,看他一直玩游戏,我就说:"别玩了,该学习了。"他会很生气地说:"我正准备不玩呢,你这样说,我就非再玩一会儿不可。"

您说,他这不是存心和我对着干吗?我该怎么做才能让他听话?

方刚回复:

分析

父母用规训的方式"管教"孩子,会引发孩子的不满和抗拒。没有一个完美解决如何让青春期孩子"听话"的好办法,也许父母应该换一种思维方式:是否真的有必要让孩子听父母的话?

理解孩子对受到尊重和信任的渴望,特别是理解进入青春期之后对自由的向往,放弃规训的教养方式,及时改为赋权型家庭教育的模式,才是解决问题的办法。

✏️ 建议

1. 理解您的感受，一定是既气恼，又无奈吧。我希望当孩子那样说的时候，您没有进一步和他争执，没有引发更大的冲突。孩子并非"存心对着干"，您说的这种情况，在青春期孩子与父母的冲突中是常见的。这不是孩子存心气父母，而是他们当时也很生气。

2. "别玩了，该学习了"属于典型的规训式教育方式，往往会让孩子非常反感。在他们看来，这是父母对他们的不信任、不尊重、责怪，甚至谴责。孩子觉得自己的权利受到了侵犯，就激发了他们的自我防卫机制，通过拒绝父母的规训，维护他们的自主性。

3. 这件事，体现了规训的弊端。规训的时候，父母不相信孩子能够自己处理好问题，所以直接将解决方案告诉他。规训者认为控制孩子按自己的方式去做，就是对孩子最好的选择，他们没有想过用其他真正有效的方式影响孩子。当孩子的个体意识足够强的时候，这种规训就会失败。

4. 规训的方法，无论命令、指责、辱骂或威胁，注定让孩子产生敌对的情绪。即使他们在当下配合你一下，他们的内心也是抗拒的，他们的情绪无法安置，一旦找到合适的机会就会故态复萌。所以，规训式的管教注定使孩子更亲近游戏，更远离学业。

5. 魔法应用：深度陪伴。倾听、共情孩子的内心感受，理解他们渴望通过游戏放松心情，理解他们自控能力较弱，理解他们对父母指令的反感，给予他们足够的包容。当孩子的情绪被看到、被包容，他们就可能放下抗拒，自觉去学习了。

6. 魔法应用：赞赏孩子。当孩子不学习的时候，赞赏他们其他方面的优点；当孩子开始学习的时候，赞赏他们的自律与自我负责。

7. 尊重选择。父母不需要再分享"少玩游戏，多学习"的有益信息，在孩子的耳边这样的信息无处不在，再不断唠叨这些信息只会引发孩子不良的情绪反应。当父母应用过诸多赋权型家庭教育的"八大魔法"之后，就要平心静气地尊重孩子的选择了。玩游戏可以让孩子放松，给孩子减压，从而更轻松地回到学习中。即使这一点没有实现，那也要让孩子"自主选择、自我负责"，承担后果和责任，跌倒再爬起，父母最多只能是：在跌倒的地方，等着扶起他。

孩子做错事，父母应该让他道歉吗

家长咨询：

我儿子读初中，有一个好朋友，但他最近无意中做了伤害朋友的事。朋友知道了，和我儿子绝交了。我儿子非常难受。他和我讨论：是否应该向朋友道歉。

我应该让孩子去道歉吗？父母遇到这种事，应该怎么办呢？

方刚回复：

分析

理论上说，做了错事，就应该道歉。孩子之所以犹豫要不要道歉，原因是什么呢？来信中没有说清楚。

这属于孩子自己的事，他应该自己作出决定，自己负责任。父母不应该直接给出自己的建议，因为那也是一种"规训"，无助于孩子的成长。父母要做的，只是帮助孩子思考、选择，主动承担责任。

建议

1. 面对这件事的时候，父母不能采取规训的方式，只需要采取赋权型家庭教育的"赋权三步"就可以了，即分享信息、推动思考、尊重选择。

2. 建议孩子找出一张 A4 纸，竖着折成三栏，第一栏写上"道歉的优点"，第二栏写上"道歉的风险"，第三栏写上"应对思路"，鼓励孩子在每一栏尽可能详细地列出他能够想到的。

3. 分享信息，推动思考：如果孩子列不出来，或列得不多，父母可以引导，用这样的话术："……是否算一个优点？""风险中是不是还有……"列出的优点可能包括：内心安稳、修复关系、力量与勇气的体现、承担责任的体现……列出的风险可能包括：不全是我的错，我道歉似乎就揽了全部的错；朋友可能不接受我的道歉；道歉让我尴尬……

4. 最难的部分，是第三栏的应对思路，当孩子想不出来的时候，父母也可以说出自己的想法，推动孩子思考，但要强调："这只是我的想法，供你参考，不一定要听我的。"比如，针对"不全是我的错，我道歉似乎就揽了全部的错"，孩子的担心可能是被朋友加倍谴责、敌视，应对思路可以是：我们高姿态，对自己的良心负责，别人如果觉得应该加倍谴责我们，那是他们的想法，我们既然做了错事，即使承担超出应得的谴责，对我们也是一个教训；针对"朋友可能不接受我的道歉"，应对思路可以是：即使朋友不接受，我们也应该道歉，道歉的目的不应该只是得到谅解，而应该是对错事承担责任，何况，只要我们态度真诚，朋友应该会接受我们的道歉的；针对"道歉让我尴尬"，应对思路可以是：如果当面道歉尴尬，写一封道歉信怎么样？

5. 尊重选择。无论孩子作出怎样的选择，父母都应该尊重他的选择。即使孩子决定暂时不道歉了,也没有关系,孩子的成长需要时间,他思考的过程就已经在努力进步了。尊重选择的同时,父母可以再提醒孩子:自主选择、自我负责。

6. 魔法应用:赞赏孩子。对于孩子作出的选择,父母要给予赞赏。决定道歉,赞赏他的勇气和力量;决定不道歉,赞赏他思考、选择的过程,赞赏他的责任心,赞赏他自我挑战、自我成长的努力。

孩子看色情品，怎么办

家长咨询：

我儿子读初中二年级，我们一直以为他非常单纯，对性、男女之事完全不知。没想到，有一天我们看到了他手机上有同学发来的小黄片，他还转发给了别的同学。

这事让我们非常震惊，应该怎么办？

方刚回复：

分析

规训型的父母遇到这种事情非打即骂，包括没收孩子的手机，威胁孩子再看色情品便将如何如何，甚至找发"小黄片"给儿子的同学父母，控诉他家孩子把自家孩子"带坏了"。结果，亲子关系破坏了，孩子会更加隐秘地看色情品，看不到就整天惦记着……

赋权型家庭教育下的父母，不会用这种自欺欺人的教养方式，而将致力于通过这件事给孩子增能赋权。

建议

1. 父母应该放弃无效的规训方式，采取赋权的方式。赋权型家庭教育的理念是从赋权型性教育发展起来的，赋权型性教育的目标：让孩子具备作出对性、身体、情感、亲密关系负责任行为选择的能力；赋权型家庭教育的目标是：让孩子具备作出对自己人生的全面发展负责任行为选择的能力。

2. 每个孩子都具有的八大宝藏，将使他们积极地面对人生，作出对自己人生最负责任的选择。父母要做的，只是通过八大魔法，激活孩子的八大宝藏。同时，通过分享信息、推动思考、尊重选择，孩子就一定可以作出对自己的人生负责任的选择。

3. 分享信息。父母应该向孩子分享关于色情品的信息，要分享支持和反对双方的信息，让孩子自己去思考。如果只讲反对色情品的信息，那就成为简单的规训，孩子就不会信任成年人了。

4. 分享反对色情品的信息，包括：全世界范围内，都主张未成年人不看色情品，因为色情品的目的是撩拨、刺激情欲，未成年人没有伴侣，情欲被撩拨起来也挺痛苦的；未成年人的大脑前额叶发育不完全，自控力差，在色情品的撩拨下有些人可能会干违法犯罪的事；一些人认为，色情品鼓励强暴，长期看色情品可能会去性骚扰或强奸别人；色情品使人沉湎其中无法自拔，影响正常生活，对于未成年人来说更会影响正常的学习；色情品将女性"肢解"为性的"零部件"，污辱女性；色情品中的男人和女人都是随时随地准备和任何人做爱，传递了错误的性与性别观念，误导观众；色情品让人无法区分现实与幻想；色情品中表演的性爱，与现实生活中的性爱有很大距离，误导人们；等等。

5. 分享支持色情品的信息，包括：有人通过色情品减压，放松；有人主张，成年人能够区分色情品与现实生活中性爱的差距，不会误导大家的观念和行为；成年人都知道色情品是娱乐片，不会去盲目效仿其中的行为；看色情品的人，只有极少数会实施强奸等犯罪行为；所有商业广告中都会存在将人"肢解"为"零部件"的情况；等等。

6. 推动思考。赋权型家庭教育主张受教育者在掌握全面信息的基础上，自我思考、判断、选择。父母分享了上述信息之后，可以引导孩子思考：为什么全世界所有国家都认为色情品不应该给未成年人看？支持色情品的信息中存在"成年人能够区分色情品和真实的性爱生活""成年人知道色情品是娱乐片"，那么，未成年人是否也能够区分，也知道？色情品对未成年人的影响，与对成年人相比，会有什么不同？

7. 分享信息，推动思考。上述讨论之后，父母可以和孩子分享赋权型性教育提出的"色情品四原则"，分别是：最好不看；看了不要当成教科书；"拿得起，放得下"；制造、传播色情品违法，所以不能够制造和传播。父母可以和孩子讨论：你如何看待这"四原则"？最好不看，是因为互联网的存在，色情品无孔不入，完全不接触越来越不可能，但我们要对自己负责，所以"最好不看"；看了不要当成教科书，是说色情品是娱乐品，千万不要当成性与亲密关系的教科书；"拿得起，放得下"，是避免有些孩子因为看了色情品之后沉溺于此，或者一直自责、懊悔，影响正常的学习和生活，所以要"放得下"，即该干什么还要干什么，正常的学习和生活不能受影响；父母可以和孩子进一步讨论：怎么做才能"放得下"？万一"放不下"时，怎么办？

8. 尊重选择，严守底线。如果孩子还是决定看色情品，家长是制止不了的，但是，有了我们前面的信息分享、推动思考，特别是提出了看色情品的"四原则"，相信孩子即使还会看，也会做到"拿得起，放得下""不当成教科书"，这就可以最大限度消减色情品可能给他带来的负面影响了。但父母还是要再次强调：制造、传播色情品是违法的行为，对此我们坚决反对，不再"尊重选择"了。事实上，我们相信拥有八大宝藏的孩子，不会做违法的事情。

孩子"早恋"了,怎么办

家长咨询:

我女儿读高中一年级,老师向我们反映:发现她和一个同班男生谈恋爱了,两人总是出双入对的。

我们很着急,不知道该怎么和她谈。她正值青春期,贸然和她谈,怕她抗拒;不谈,我们又不放心,怕恋爱影响她的学业,也怕她和男生一时冲动,发生性关系。我们该怎么做呢?

方刚回复:

分析

规训式家庭教育,通常会严格禁止孩子谈恋爱,但结果往往只是让恋爱转入地下,甚至反而推动了父母担心的事情更早发生:影响学业、过早发生性关系、怀孕。

赋权型家庭教育,会探讨如何不让恋爱给孩子造成伤害,如何让恋爱中的孩子健康成长;尊重孩子的情感,引导孩子一起探索如何处理好这份情感,才是对自己负责任的选择;相信孩子选择的能力,尊重孩子的选择。

建议

1. 爱情，是孩子进入青春期的正常情感呈现，也满足着他们"好奇心"这个宝藏。父母应尊重孩子的情感，不进行否定或肯定，也不反对或支持，而是引导他们建立"自主、健康、负责任"的爱情观。

2. 父母要充分应用八大魔法，这样，孩子的八大宝藏才会更好地发挥作用。读万卷书的孩子，选择恋人的眼光会高，对情感的理解更深入；有远大人生规划的孩子，不会让自己沉溺于爱情，忘记了远方；有父母处理情感、人生问题做榜样的孩子，更是得到了强大的外力加持。

3. 魔法应用：深度陪伴。父母要理解孩子对爱情的向往，可以和孩子进行交流：目前这份感情对她意味着什么？她喜欢这个恋人哪些方面？围绕这份感情她有什么期许和担心？父母不表达对孩子恋爱支持或反对的态度，只关心她处理情感问题的能力。

4. 分享信息，推动思考。父母要和孩子分享恋爱中可能遇到的问题，推动孩子思考：每遇到一种情况，我该怎么办？孩子通常只会看到"好处"，忽视"风险"，或者不知道如何应对风险。父母要做的，是引导孩子思考如何应对风险。父母应对每一种风险出现后如何应对想好答案，但不要把这个答案直接告诉孩子，而是鼓励孩子思考，孩子实在思考不出来，再做引导。当然，父母也不应回避或否认恋爱的"好处"，否则，孩子就认为父母在变着花样规训她了，不愿继续和父母交流了。

5. 尊重选择。经过以上努力，父母就要相信孩子能够作出对自己负责任的选择，不用担心恋爱给她带来伤害了。这也正是赋权型家庭教育的目的：我们希望孩子能够正确地处理好恋爱关系，而不是反对他们谈恋爱。

6. 自主选择、自我负责。即使增能赋权之后，最后的结果也不一定就是好的。挫折和创伤照样可能出现。父母所能做的，是鼓励孩子承担责任，不要代替她承担责任，这样她才能更好地反思、改进、成长；必要时，父母要在孩子跌倒的地方，等着扶起她。

附 录

赋权型父母成长团体小组方案

小组成员：0—22岁孩子的父母，重点是6—18岁青少年的父母

小组人数：8—10人最佳

小组目标：

1. 协助每个组员掌握赋权型家庭教育的核心技能；

2. 协助每个组员量身打造解决当前家教困境，提升亲子关系、推动孩子积极进取的个性化方案。

时长：两天，共12个小时

第一天　9：00—12：00　13：30—16：30

第二天　9：00—12：00　13：30—16：30

教学时段：每90分钟为一时段，两个时段之间休息10分钟。

活动安排：

第一天

时段一：

主题：认清规训

目标：了解规训的表现形式，规训对孩子身心健康、进取心、亲子关系的伤害。

环节一：带领者介绍家庭教育中规训的表现形式及伤害。时长：约30分钟。

环节二：组员各自在纸上列举出自己在青少年时期，父母对自己的三次规训行为，以及自己当时的感受和情绪。时长：约10分钟。

环节三：集体分享、讨论，带领者协助组员认清规训及其伤害。时长：约50分钟。

时段二：

主题：识别自己的家教模式

目标：看到自己是如何使用规训的，孩子的进取心、身心健康、亲子关系是如何在规训中被破坏的。

环节一：组员各自写出自己对子女规训的三件事，以及当时子女的表现、自己的情绪、效果。时长：预计15分钟。

环节二：集体分享、讨论，带领者引领组员发现自己的家教模式，领悟规训之害，放弃规训行为，开始学习新的养育技能。时长：预计75分钟。

时段三：

主题：识别八大宝藏

目标：学会识别、欣赏孩子的八大宝藏

环节一：带领者介绍赋权型家庭教育的理念，赋权型家庭教育提出的"八大宝藏"。时长：约30分钟。

环节二：组员各自在纸上写出自己对孩子的八大宝藏进行打压的三件事。时长：约15分钟。

环节三：集体分享、讨论，带领者引导组员学会欣赏孩子的本来样子，学习呵护，至少不去破坏他们的八大宝藏。时长：约45分钟。

时段四：

主题：学习八大魔法、"赋权三步"

目标：了解八大魔法，掌握"赋权三步"的技术，学习用八大魔法呵护、激活八大宝藏，让孩子更积极向上。

活动内容：带领者讲解赋权型家庭教育的"八大魔法"，以及"赋权三步"。时长：约90分钟。

作业：

列出自己与孩子之间需要解决的某个问题或事件，并尝试使用"八大魔法""赋权三步"制订一个未来的行动方案。

第二天

主题：掌握赋权技能，制订个性化家教计划

目标：帮助父母熟练掌握八大魔法、"赋权三步"，为解决当前最紧要的家庭问题制订行动计划。

活动内容：

1. 每个组员逐一介绍自己需要解决的问题，说明自己规划的赋权方案。

2. 全体组员和带领者一起，逐一讨论、协助每个组员完善方案。

3. 最后预留30分钟，全体组员一起总结，探讨未来的互助合作。

赋权型家庭教育亲子营方案

少年亲子营

学员对象：6—12岁小学生和他们的父母

学员人数：10—30人为宜

时长：两天，12个小时

目标：

1. 针对孩子：学会如何调节自己的负面情绪；学会如何拥有和谐的人际关系；学会如何提升自主学习的能力；学会如何自我激励，增强自信心；学会如何在挫折中成长，提升抗挫力；学会如何感受生命的美好，珍爱人生。

2. 针对父母：了解赋权型家庭教育的理念和技术，学习如何在家庭教育中落实这一理念和技术。

活动安排

孩子部分：六大板块，每个板块约2小时。

板块一：情绪调适有妙招

1. 学会调适紧张、焦虑、愤怒等情绪；

2. 学会用不伤害自己、不伤害他人、不伤害环境的方式释放情绪；

3. 学会接纳自己的情绪、感知身边人的情绪、用合理的方式表达情绪。

板块二：人际交往有技巧

1. 学习倾听、相互尊重、换位思考等社交技能，建立良好的人际关系；
2. 学会有效解决人际关系中出现的困惑、冲突；
3. 学会用正确的沟通方式进行有效沟通；
4. 学习如何与父母沟通，为亲子关系加分。

板块三：学习动力能提升

1. 发现自己的优势和潜能，激发学习热情；
2. 提升学习内驱力，调整目前学习状态；
3. 利用时间管理小妙招，处理好学习和游戏的关系；
4. 规划人生远大理想，增强学习行动力。

板块四：培养自信我能行

1. 学会客观、正确评价自我，自我赏识、自我悦纳；
2. 建立积极乐观的心态，培养自信心；
3. 制订提升自信的成长计划，成长为更优秀的自己。

板块五：应对挫折我有方

1. 培养应对挫折的能力，增强心理韧性；
2. 学习自我调整的技能，学习寻求帮助来突破困境；
3. 培养坚韧的品质，积极应对挫折。

板块六：珍爱生命我精彩

1. 感受生命的可贵，培养珍爱生命、对生命负责的态度；

2. 学会感恩，提升自我价值感；

3. 学会爱自己并找到生命的价值。

家长部分：约90分钟。

主题：赋权型家庭教育的理念与技术

目标：父母初步了解如何进行赋权型家庭教育，父母学习如何结合这两天的课程助力孩子的成长。

环节：

1. 向父母介绍赋权型家庭教育的理念和技术；

2. 与父母分享孩子两天的学习内容、学习目的，以及后续父母如何支持孩子。

青春期亲子营

学员对象：12—18岁中学生和他们的父母

学员人数：

10—30人为宜

目标：

1. 使用赋权型家庭教育的八大魔法，呵护孩子的八大宝藏：好奇心、求知欲、想象力、创造力、进取心、抗挫力、专注力、生命力。

2. 使用"赋权三步"技术，提升孩子的判断能力、选择能力、责任心，以及作出对人生负责任行为选择的能力。

3. 让父母了解赋权理念、赋权技术，学习使用八大魔法，呵护、激活八大宝藏，促进亲子和谐，使孩子积极进取。

时长：两天一晚（两整天给孩子的教学，一晚父母课堂）

活动安排：

第一天上午

主题：自信，拥有理想

目标：让孩子发现自己的优点，建立自信心；树立远大理想。

环节：

1. 发现自己的优点，学习欣赏自己、建立自信心；
2. 分享自己的兴趣爱好，用赋权的理念分析这个爱好；
3. 规划自己的远大理想，用赋权的理念分析这个理想。

第一天下午

主题：自律，走向理想

目标：面对可能影响实现理想的因素，带领孩子自主地制订应对计划，不使通往理想的道路受阻。

环节：

1. 制订遇到挫折时的计划；
2. 制订手机、网络使用计划；
3. 制订提升专注力的计划；
4. 制订个性化的学习计划。

第一天晚上：父母课堂

主题：赋权型家庭教育的理念与技术

目标：父母初步了解如何进行赋权型家庭教育，父母学习如何结合这两天的课程助力孩子成长。

环节：

1. 向父母介绍赋权型家庭教育的理念和技术；

2. 与父母分享孩子两天的学习内容、学习目的，以及后续父母如何支持孩子。

第二天上午

主题：情绪与沟通

目标：学会情绪的控制与调节，学习与父母沟通的技巧。

环节：

1. 发现自己的情绪，接纳情绪；

2. 学习沟通的技巧；

3. 制订和父母冲突时的计划。

第二天下午

主题：冲突与成长

目标：学习与老师、同学的沟通技巧，有能力自我增能赋权。

环节：

1. 制订和老师冲突时的计划；

2. 制订和同学冲突时的计划；

3. 制订让自己的八大宝藏"增值"的计划。

赋权型家庭教育陪伴式私教方案

目标客户：
亲子关系冲突严重，孩子学习、生活、情感出现较大问题的家庭。

目标：
1. 协助父母走出亲子冲突、家教困境；
2. 促进孩子身心健康，培养积极进取的生活态度。

特点：
指导师同时针对父母和孩子开展工作，了解客户的独特性，提供个性化指导，长程陪伴成长。

要点：
1. 第一次会谈，评估客户的规训、赋权程度，孩子的身心健康情况，亲子关系的整体状态。根据评估，分别确定三个月、六个月、九个月这三种不同的私教时长；
2. 陪伴式私教，可以线下陪伴，也可以线上陪伴；
3. 陪伴式私教期间，父母和孩子均可以分别和指导师进行交流和沟通；指导师可以根据需要，约父母和孩子共同会谈；可以约定每周分别会谈一次，遇到紧急事件可以随时联系指导师；

4. 指导师可以走进客户日常生活中，参与日常互动，如一起进餐、一起外出游玩，这有助于指导师更清晰、准确地看到客户家庭成员间的互动情况，更有针对性地制订赋权方案；

5. 指导师为父母制订赋权方案，指导父母如何用八大魔法激活孩子的八大宝藏，使用"赋权三步"助力孩子成长；

6. 指导师为孩子制订自我赋权计划，指导孩子学会与父母良性沟通，挖掘自己的八大宝藏，使用八大魔法为自己增能赋权，学习用"赋权三步"思考和选择，培养远大理想；

7. 指导师随时引导父母和孩子执行方案和计划过程中遇到的挑战；

8. 指导师可以成为客户（父母和孩子）的朋友，在必要时协助任何一方推动、落实赋权环节，但前提是不能剥夺父母和孩子各自的成长机会；

9. 随着赋权的进展，新的亲子关系呈现，孩子表现出新的行为特点，指导师要随时不断更新方案，推动父母和孩子进行调整；

10. 当亲子关系和谐，孩子的学习、生活进入积极向上的良性轨道时，陪伴式私教任务完成，私教结束；如果在原定时长内没有完成目标，双方协商是否延长时间。

后记

本书对我来说，非常重要。

它是我三十年教学中实践"赋权"的总结，它也挑战了我的最近发展区：由性教育延伸到家庭教育。

但是，它无疑对千百万孩子和他们的家长，更为重要。

我在写作此书的时候，手上已经有多本书的约稿合同在等着我。但我毅然地放下其他写作，先来完成这本书。我的想法是：如果早一天、多一个家长看到它，可能就会有多一个孩子、多一个家庭得到拯救，还有比这更重要的事情吗？

此书的内容，酝酿已久。

2013年，在从事性教育工作十多年之后，我提出了"赋权型性教育"理论。这是中国唯一本土的性教育理论，反对当时中国性教育中流行的"规训"，主张给孩子"增能赋权"，让他们在性、身体、情感等领域，具备作出对自己和他人负责任行为选择所需要的技能。

那之后，我培训赋权型性教育讲师，创办猫头鹰性教育营，使得赋权型性教育理论在实践中不断完善，逐渐形成了"性的三原则""赋权三步"等主张和方法。

十多年间，赋权型性教育的发展，一直是与"规训"相对而行。止于2024年4月，赋权型性教育讲师团队已经用"增能赋权"的教育理念，开展线下、线上教育，线下受众600余万人次，线上受众 2200 余万人次，积累了丰富的成功经验，口碑卓越。

在教学实践中，在与孩子和家长的接触中，我深深地体会到：性教育本质上是教育，赋权型性教育的理论和方法，同样适合于家庭教育、学校教育。

这些教学经历和思考，都为我将赋权型性教育提升到"赋权型家庭教育"做了充分的积累。

我有意识地将自己的工作从性教育扩展到家庭教育，接触更多的孩子和家长，给他们家庭教育的指导。在这个过程中，本书提出的父母分类方法、"八大宝藏"、"八大魔法"逐渐成形。

当我开展家庭教育的时候，我又有一个惊喜的发现：家庭教育中的许多技能，直接促进了性教育，使我的性教育理论和技能又有新的提升。

在本书构思和写作的过程中，多位赋权型性教育高级讲师提供了建议，他们是：孙娅婷、王弘琦、孙雪莲、陈迎迎、张敏等。

书稿初稿完成后，我还举办了第一期赋权型家庭教育指导师培训，参加培训的 64 位指导师在培训中的分享，也助益了本书的最后修订。

我还创办了"赋权型家庭教育指导师"团队，致力于为家长提供更好的服务，家长可以通过加助理的微信 owlzixun 找到指导师，也可以关注我的公众号"学者方刚"，获取最新信息。

2024 年 4 月